入門・行動科学と公共政策

ナッジからはじまる自由論と幸福論

著 キャス・サンスティーン
訳 吉良貴之

keiso shobo

BEHAVIORAL SCIENCE AND PUBLIC POLICY

Japanese translation published by arrangement with Cass R. Sunstein
c/o The Wylie Agency (UK) Limited through The English Agency (Japan) Ltd.

行動科学が公共政策に果たす役割はとどまるところを知らない。政府の役割、選択の自由、パターナリズム、人間の厚生といった原理的な問題について、行動科学は新たな課題を投げかけつづける。多くの国の公職者たちは、たとえば貧困、大気汚染、交通安全、COVID-19、差別、雇用、気候変動、労働衛生……といった深刻な問題に対処するために、行動科学の知見を用いている。私は理論と実践を探りながら、この分野をよく知っている人でも、

入門・行動科学と公共政策

ナッジからはじまる自由論と幸福論

目次

初めての人でも使えるコンビニエンスストアとして本書を提供したい。ナッジ、税金、命令、禁止といったことに触れながら、行動科学の情報に基づいた政策の具体例を示す。また、それらの知見を踏まえたうえで厚生の適切な分析などの原理的な問題にも取り組む。本書で言いたいことは、人々の選択が十分な情報に基づき、また、さまざまな行動バイアスから自由である限り、選択の自由は尊重されなければならないということだ。

凡例

・原著では本文中に記載されていた文献を注に記載した。
・原注は注の本文に〔原注〕として、原著の注番号とともに記載した。
・原著者による補足は『　』とした。
・【厚生 welfare】【行動インサイト behavioral insight】【リバタリアン・パターナリズム libertarian paternalism】については、訳者あとがきで用語解説を行っている。
・訳注は〔　〕で入れた。

第1章　イントロダクション

Introduction

本書のテーマは人間の厚生＝福祉であり、どうすればそれを改善できるかである。このテーマを掘り下げるには、自由、選択、合理性、剝奪、そして何がよい生を形作るのかといったことについて述べる必要がある。そのためには、理論と実践の両方を探求しなければならない。

行動科学が強調するのは、人間がどのようにして、完全な意味での合理性から離れていってしまうかということである。ここで関係してくる知見には、パンデミック、交通安全、移民、貧困、気候変動、差別、犯罪行動、雇用、教育、人権、法の支配……、などがある。人間が実際にどのように行動するかを理解すれば、具体的な問題をもっとよく解決できるようになる。多くの国で、こうした実践はよりよいものになってきた。行動科学の知見を生産的に活用している国には、ニュージーランド、オーストラリア、ドイツ、カタール、レバノン、デンマーク、インド、イギリス、オランダ、スウェーデン、アメリカなどがある。こうした国々で、あるいは他の国々でも、行動科学に基づく実践はまだまだ改善されていくだろう。また、国際機関も同様に行動科学を用いている。国際連合、世界銀行、世界保健機構でたいへん多くの実践がなされている。

同時に、行動科学がもたらす知見は、人々の選択と厚生の関係について多くの新しい問いを投げかけてもいる。こうした問いにどう答えればいいのだろうか。それがここでの私の最優先の関心事の一つである。

行動経済学は、心理学者のダニエル・カーネマンとエイモス・トベルスキーの画期的な研究に端を発し、経済学者のリチャード・セイラーを経由して、多方面に莫大な影響を与えるようになった。それは学術研究だけでなく、さまざまな種類の公的機関や民間セクターに対してもである。病院では、人命を救い、お金を節約するために行動科学の知見が活用され、患者だけでなく、医師や看護師を助けるためにも行動インサイトが用いられている。企業も大小に関係なく、顧客を獲得し、業績を上げるために行動インサイトを活用している。大学も、学生がよい成績を取れるように（退学してしまわないように）行動経済学を使っているし、政府も、さまざまな問題に対処するために行動インサイトを利用している。フェイスブックやツイッターなどのソーシャルメディア企業も、行動インサイトをよいことに（よくないことにも）用いている。こうした活用例をリストアップしはじめればきりがない。

ここでの私の主な目的は、本書をコンビニエンスストアにすることである。①何よりもまず、公共政策に関心を持つ人々に対し、行動科学の鍵となる知見の紹介、②政府が何をしているかということの理解（私が最もよく知っている国なのでアメリカに特に重点を置くが、得られる教訓はそれよりもずっと一般的だと思っている）、③行動経済学と人間の厚生の関係の探索、をしたい。このテーマになじみのない人々にとって、あるいは行動経済学への歓喜の声がいったい何なのか、また行動インサイトが今後数年のうちにどのように導入されていくかを知りたい人々にとって、行動科学による処方箋の多くは最適の素材だろうと思っている。

同時に、行動インサイトは、選択や自由、国家の役割をどのように考えるべきかという重要で未解決の議論にも刺激を与えてきた。私たちはずっと昔から、そうした議論を続けてきたのだが（本書の何箇所かに登場するアリストテレスも実は、それに関係する重要なことを数多く述べている）、行動科学による新しい知見は、原理的な問題について新しい問いを投げかけている。私の目的は、政府の正統な機能、選択の自由の位置付け、パターナリズムの難題……といったことについて考えるための体系的な枠組みを示すことだ。これから見ていくように、政府にはやるべきことがたくさんあるし、やるべきでないこともたくさんある。

始める前に、用語法の説明をしておく。「行動科学」という用語は通常、認知心理学、社会心理学、行動経済学という、重なり合う三つの分野を指している。認知心理学は人間の心の働きを探る。人々はどのようにしてリスクが高いか低いかを判断し、どのようにして何らかの対応をすべきだと判断しているのか、ということである。社会心理学は社会的相互作用の影響を探る。集団の相互作用はどのようにして人々のリスク評価に影響を与えるのか、それを防ぐための予防措置を取ることに意味があるのかどうか、といったことである。行動経済学は、人間が現実にどのように行動するかということの理解を使って経済分析に取り組む。バイアスのかかったリスク評価は、株価の動きをどのように説明できるか。注意力不足は、たとえば住宅ローン、学生ローン、クレジットカード会社とその顧客間の契約によく見られる条項をどのように説明できるか、である。

政府関係者がよく用いる「行動インサイト」という用語は、これらすべての分野の行動科学の知見を指している。「行動厚生経済学」は行動科学の知見に照らして人間の厚生を分析する取り組みのことで、ここでも私のメインテーマの一つである。

「厚生（welfare）」という言葉は、多様な分野で異なった意味を持っている。だが、本書では最もよさそうな候補をお見せすることになる。私が好む「厚生」の理解は、人々が生きている「生のあり方」を示すものである。つまり、人がよりよい生を送るならば、より多くの厚生を得るということだ。「厚生」には、人がどれだけ日々を楽しんでいるか、どれだけ苦しんでいるか、そして自分の人生がどれだけ有意味で価値のあるものだと感じているかが含まれる。厚生のこうした理解は、ジェレミー・ベンサムやジョン・スチュアート・ミルの考え方と結びついている。私はベンサムには反対し、ミルとともに、快楽と苦痛には尽くされないものとして厚生の理念を理解するつもりだ（快楽と苦痛ももちろん重要なのであるが）。しかし、本書は哲学書ではないのだから、次のようなことを示せれば私の目的にとっては十分だろう。人々の選択が往々にして自分自身の厚生を減らしてしまうことや、経済学で理解されているような資源配分効率は適切に理解された意味での厚生と同等ではなく、経済学のなかでさえそうとはいえないこと。また、人々が生きる「生のあり方」に焦点を当てた、より広い理解こそ、理論と実践の両方を生産的な方向に導くということである。

第2章　行動科学革命

The Behavioral Revolution

消費者への「グリーンエネルギー」の普及に大きな関心が寄せられてきた。グリーンエネルギーとは大気汚染や気候変動、その他の環境問題に対し、実質的な影響を与えないエネルギー源である。太陽光や風力などは世界各地で利用できるが、国によっては、まったく簡単に使えるにもかかわらず、かなり少数の人々しか使っていない。アンケートに対する回答では多くの人が「グリーンエネルギーを選ぶ」と答えるのに、それが事実なのである。

ドイツでも過去を振り返れば、他の国々と同様、グリーンエネルギーの利用率が非常に低かった。しかし、一九九〇年代から二〇〇〇年代初頭にかけての使用率の低い時期でも、ドイツのある二つの町ではきわめて高い水準のグリーンエネルギー使用率を記録した。時期によっては九〇%を超えたほどだ。同時期のドイツの他のほとんどの都市のグリーンエネルギー計画参加率がわずか約一%であったのとは正反対だった。この違いの理由は何だろうか。答えは簡単だ。この二つの町では、人々は自動的にグリーンエネルギー計画に加入させられ、使わないのであればオプトアウト（＝脱退）しなければならなかったからである。*1

世界中の政府や民間企業で影響力を持っている人々は、初期設定ルールの力にどんどん気付き始めた。そのおかげもあって、ドイツでは現在、グリーンエネルギーへの自動登録が普及している。ドイツ全国のエネルギー消費者たちはオプトアウトしようとはしていない。*2 この環境面のメリットは相当である。大気汚染、気候変動、その他の関連する問題を懸念している人々に、この新しい政策ツールが話題となり、高い効果を上げている。*3 つまり、人々をグリーンエネルギー利用に自動的に登録しておき、使いたくなければオプトアウトしてもらうのだ。

人間は完全には合理的でない。このことを行動科学の数十年に及ぶ研究成果は示している。[*4] 人間は「現在バイアス」を示す傾向がある。つまり、現実に気にかけるのはせいぜい今日と明日だけだ。それに対し、将来は行けるかどうかさえはっきりとは言えない外国と変わらない。そして人はさまざまな「内部性（internalities）」[*5]にも悩まされる。たとえば喫煙したり、健康を気にしなかったりして、将来の自分にコストを課すかもしれない〔訳注：経済学でいう外部性との対比で、意図しなかった結果が自分自身に生じること〕。私たちは「損失回避」的である。たとえ同じぐらいであっても、獲得する幸せよりも失う悲しみのほうが大きいのだ。だからコンビニでのビニール袋でわずかでも料金を取ることは、使用量を減らすのにかなりの効果があるだろう。[*6]

だいたいにおいて、人は非現実的なまでに楽観的になりがちである。たいていはそれでよいのだが、そのせいで予防措置を面倒臭がるようにもなりやすい。健康への危険に対する甘い認識がいい例である（極端な場合には、非現実的なまでの楽観主義がパンデミックを後押しすることさえある）。私たちは必ずしもリスク評価が得意なわけではない。それには惰性が大きく関わっている。何かのプランに加入するとき、たとえコストはきわめて低くとも自分で選ばなければならない場合と比べて、自動的に加入させられる場合のほうがはるかに加入率が高くなる。惰性の力は、グリーンエネルギーへの自動登録の結果を見ればわかりやすい。

こうした知見は公共政策にとって重要であり、ここ数十年間、各国政府から注目されてきた。貧困と闘うため、公衆衛生の促進のため、交通事故の死者を減らすため、COVID-19パンデミックに対応するため、人種や性別に基づく差別と闘うため、大気汚染や気候変動に関連するリスクを軽減するため、行動インサイトが用いられてきた。世界中の政府で行動科学の目覚ましい実践があり、それにはイギリス、アメリカ、オランダ、カナダ、インド、アイルランド、ドイツ、オーストラリア、スウェーデン、ブラジル、カタール、サウジアラビア、アラブ首長国連邦、ニュージーランドなどがある。また、世界銀行、世界保健機構、国際連合などの国際機関でも、行動科学の知見が有意義に活用されている。

ナッジと、その先のナッジ

ドイツがグリーンエネルギーを初期設定（デフォルト）にした例に少し戻ろう。グリーンな初期設定ルールが用いられているとき、人々はナッジされている。[*7] ナッジは、人々の選択の自由を完全に保ちつつ、その行動に影響を与えるための民間や公共機関による介入として定義されている。GPS装置は典型例である。GPSはどのようなルートを取るべきかを教えてくれるので、行きたいところに行くのに役立つ。しかし目的地を指定するのは自分であり、アドバイスが嫌ならば従わないで自分のルートを選ぶこともできる。初期設定ルールは、簡単にオプトアウトできる限り、ナッジである。警告や情報開示についても同じことがいえる。

その他のナッジの例としては、①リマインダー、②記入フォームの簡素化、③容器サイズの増減、④商品の色、⑤ウェブサイトや投票用紙、食事メニュー、カフェテリアなどでの商品や項目の配置順序などがある。公的な機関が、社会規範や、すでに広まっている社会慣行を強調することもある。これもナッジしているのである。二〇二〇年のCOVID-19パンデミックでも、いろいろなナッジによる対応があった。たとえばニュージーランド、オーストラリア、インドがそうである。アメリカだと、二〇〇九年の「クレジットカード説明責任、責務および開示法」には、情報開示や初期設定ルールのほか、行動に関わる情報提供の義務や禁止事項など、さまざまなナッジが盛り込まれている。インドでは、野外排泄をなくすことで公衆衛生を向上させるという大掛かりな取り組みに、行動経済学に基づいた多数のナッジが導入された。

情報開示のように、ナッジには教育的なものもある。教育目的でないその他のナッジは、環境《アーキテクチャ》を変える（初期設定ルールや、食料品店で健康によいものを目立つ場所に置くなど）。グリーンエネルギーの初期設定ルールのように、選択者が他人に与えるかもしれない害悪の防止を主たる目的として設計されているナッジもある。ほかにも、支払い期限が迫っていることのリマインドや、年金プランへの自動加入のようなナッジもあるが、主に、選択者が自分自身に与えるかもしれない害悪を防ぐために設計されている。

ナッジは行動科学の道具箱のなかにあるツールの一つに過ぎないことを強調しておかなければならない。行動インサイトは、タバコや砂糖入り炭酸飲料に課される税金のような、より強制的な手段に役立てることもできる。行動インサイトはまた、補助金（禁煙キャンペーンや電気自動車普及など）を用いる手段に役立てることもできる。命令や禁止には行動科学的な正当化理由があることもある。シートベルトを締めること、オートバイのヘルメットを着用すること、老後のために貯蓄すること……、などを求められたり、国家が燃費やエネルギー効率の改善要求したりするのは、人々の選択が不完全だと理解されているからだろう。その不完全さは、非現実的なまでの楽観主義、注意力の限界、現在バイアスなどが原因である。これは人々の厚生を当人たちのコミットメントや価値観によって判断する場合であっても当てはまる。[*8] 前述のように、政府は、人々に将来の自分自身を守らせることによってその厚生を増進させようとすることもある（「内部性」の場合）。

ナッジはほとんどの場合、命令や禁止を補うのであって、それに取って代わりはしない。ある行為が禁止されるのと同時に、その法律を順守するようにナッジされることもある。燃費向上の命令は、最も燃費のよい車を買うように人々を促す燃費ラベルの取り組みとセットでなされることもある。二〇二〇年のＣＯＶＩＤ-19パンデミックのときには多くの国の政府が公共の場でのマスク着用といった行為を義務化したが、同時に、その義務にかなうように人々が行動するためのナッジもなされた。禁煙政策のなかには、公共の場での喫煙禁止もあれば、行動経済学から知見を得た画像による警告などのナッジもある。

強制の用い方については、また後で戻ろう。強制を避けるものとしてのナッジは、**リバタリアン・パターナリズム**として理解される。これは一見したところ不気味な言葉だが、語義矛盾ではまったくない。リバタリアンであるのは、選択の自由を守るからである。パターナリスティックであるのは、選択の影響を受ける人々の厚生を増進するものが何なのかについて、それを選択する他者の判断が反映されている限りにおいてである。なお、ここでの厚生は（再びだが、重要なことに！）、本人たちが自分で決めるものだ。[*9] GPS装置は、自分が行きたい場所へのルートを取得するのに役立つ。ロンドンの通りに行きたいのに、オックスフォードの通りを指示されたりはしない。行動科学の知見を用いた政策でも、命令や禁止が最も重要な選択肢でありうることに変わりはないのだが、選択の自由を維持するという意味で、ナッジには忘れてはならない利点がある。

定義上、ナッジには刑事罰、民事罰、税金、補助金は含まれない。しかし、「選択の自由を維持する」という考えが曖昧であることはすぐにわかるだろう。少額の罰金や補助金であれば自由を排除することはない。罰金を支払うことも、補助金を見送ることもできる。そう考えるとナッジは、重要な物質的利益・負担をもたらすことなしに人の行動に影響を与える取り組みである、と定義するほうが正確である。経済的インセンティブがゼロに近づくにつれて、ナッジらしく見えるようになるのである。補助金がほんの少しでもあるならば経済的インセンティブにはなるけれど、それもナッジの仲間に入れるほうが理にかなっているだろう。また、ナッジが重要な心理的・非物質的コストを課す可能性があることも事実である。画像を使った健康警告や栄養表示を考えてみればよい。ナッジの費用と便益、そして人々の厚生への影響を完全に計算するには、こうした感情面のコストも含めなければならない。[*10]

ナッジが嫌いな人もいるので、反対意見についても後で議論しよう。しかし、人々の意思決定は、ある社会の**選択アーキテクチャ**によって確立された背景のもとで行われるのであって、ある程度のナッジは避けられないと理解しておくことが重要である。建物がアーキテクチャ（建築）を欠くことができないように、社会も選択アーキテクチャを欠くことはできない。食堂で出されるものには何かしらの順番があるはずだ（ケーキが先か、魚が先か、野菜が先か？）。どんな食料品店も、コーヒーショップも、コンピュータ店も、レンタカー店も、人々の選択に影響を与えるアーキテクチャを作らないわけにはいかない。ウェブサイトにもアーキテクチャがあり、その表示は選択に影響を与える。フェイスブック、インスタグラム、ツイッター、ユーチューブはこの事実をよく意識している。こうした企業は行動経済学に目を光らせ、行動インサイトを利用して膨大なナッジを行っている。

商品の色や形、店内の音楽の有無などは、人々の選択に影響を与えうる。いかなる商品展示の方針も、何らかの形で枠組みが作られなければならない（買わないと損だとするか、買ったほうが得だとするか、どちらを強調するか?）。その枠組みが意思決定に影響を与えるのである。医師や弁護士は、選択肢を設定することによってナッジをしている。初期設定ルールがあるときにはいつでも——通常、初期設定ルールなしで済ませることは困難であるのだが——、そこにナッジが関わっている（もちろん、選択アーキテクチャの重要な種類である**能動的選択**は、初期設定ルールなしで済ませるかもしれないのだが）。

ここでのよい知らせは、私たちがひとたびナッジの力を理解したならば、安価で一見したところ地味な取り組みが、健康、医療ケア、喫煙、エネルギー、教育、環境、貯蓄、その他の多くの分野で大きく、きわめて有益な効果をもたらすということだ。[*11] 中心的な目標は、新しいツールを開発し、従来からの政策手段のセットを補完することである。[*12] 最初に述べたエネルギー使用の例に加えて、いくつかの説明を考えてみよう。

- 個人退職金積立制度への自動登録は、大幅な税制優遇措置よりも貯蓄に大きな影響を与えることがわかった。[*13]
- アメリカ合衆国政府による財政援助の申請書を簡素化する取り組みは、補助金の水準を数千ドル上げるのと同等の効果を大学進学率に与えることがわかった。[*14]
- エネルギー使用量が近隣住民と比較してどうかを人々に知らせるという、省エネへの社会規範アプローチは、エネルギー使用量の削減にあたって電力価格の八〜二〇％の短期的値上げと同じ効果があった。[*15]

- 印刷の初期設定ルールを片面から両面に変えるだけで、片面印刷に一〇％の税金をかけるよりも、紙の総使用量の削減にはるかに実質的な効果があるだろうと予測されている。[*16] 無関心のほうが地球に優しいということもあるのだ。[*17]

ほかにも多くの例がある。前述したように、行動インサイトは税金、補助金、命令、禁止などの使用をさらに効果的にするのに役立ってきた。炭酸飲料税やたばこ税は特に興味深い例である。人々を自分自身の誤りから守ることがその目的の一つだ。

人間《ヒューマン》と経済人《エコン》

ナッジを支持する主張、あるいは政策における行動経済学のほかの形での使用を支持する主張は、情報の単純な不足を根拠にできる。行きたいところに行く方法を知らない場合、ナッジは役に立つだろう。しかし、それだけではない。この主張は、人々の判断がどのようにして誤るのかを突き止めてきた、数十年にわたる研究結果によっても補強されている。行動科学者たち、とりわけダニエル・カーネマンはこの点について、そのすぐれた著書において人間の心の中の認知作用に二つの種類があることを区別した。速さと遅さ（ファスト&スロー）である。[*18]**速い思考**はシステム1と呼ばれることが多い。それは迅速で、自動的で、情動的で、直観的である。**遅い思考**はシステム2と呼ばれることが多い。ゆっくりで、計画的で、熟慮する。多くの状況では、システム1は誤りを犯さない。しかし、不慣れだったり複雑だったりする状況で何をすべきかを知りたい場合、システム1は頼りにならないかもしれない。システム2は、うまく機能するのであればものすごい安全装置である。「経済人（Econs）」というレッテルは、システム2に従って行動する人に使われてきた。システム1の影響を受ける人々は「**人間**（Humans）」として理解される。[*19]

行動科学の知見の多くは、この枠組みで整理できる。システム1の力のせいで、人間は短期的なことに不当な重みを与えるようにして近視眼的・衝動的になる（たとえば喫煙、運転中のスマホいじり、パンデミック中のマスク着用拒否、暴飲暴食……）。[*20]人間は先延ばしをして、その結果として苦しむこともある。[*21]人間は非現実的なまでに楽観的になりもするし、それによって不幸な、危険でさえあるような選択をする。[*22]何が**顕著に目立った誘因**であるのかはきわめて重要である。[*23]

私たちが「隠れた要素」（延滞料や過剰使用料など）を無視するのは、多くの場合、注意力不足のせいである。[*24]ある状況や活動、製品などのわかりやすい部分に顕著に目立った誘因が欠けていれば、無視されてしまうだろう。そうするのは、もしかしたら自身の利益（別の場所にあるとか、太っているとか）のためかもしれないし、自身の不利益（お金を節約するとか、長生きできるとか）のためかもしれない。重要なことだが、人間は「情緒的予測の誤り」を犯す。何らかの活動や製品が自分の厚生にとって有益だとか、逆効果を及ぼすといった予測を行ったものの、そうした予測が誤りだと後にわかることだ。[*25] この点については次章で述べる。

人間はまた、リスク評価のときに身近なヒューリスティック（心理的な近道）を用いている。一般的にはそれでうまくいくとしても、そうしたヒューリスティックは誤った方向に人を導くことがある。たとえば、人は確率についての難しい問題に答えようとして、**利用可能性ヒューリスティック**を使って間違えることがある。テロ攻撃、ハリケーン、交通渋滞、原子力発電所の事故、性病、パンデミックなどは、どのくらいの確率で起こるのだろうか。利用可能性ヒューリスティックを用いるとき、人は具体例がすぐに頭に浮かぶかどうかによって確率の問題に答えてしまうのである。もちろんまるっきり不合理ではないのだが、しかしその結果、重大な誤りを犯すこともある。怖がりすぎかもしれないし、自己満足になりすぎているのかもしれない。

第3章　自分で選べば幸せになれるのか？

Do Our Choices Make Us Happy?

私たちはだいたい、自分で選べば自分はおおむね幸せになると思いこんでいる。そこまで言わなくとも、人生に自分自身の光を当てることでよりよく生きていけるはずだ、と。誰かがホットドッグよりもハンバーガーを選んだとしたら、おそらくホットドッグよりもハンバーガーが好きだからだろう。その代わりに野菜バーガーを選んだとしたら、野菜バーガーの味が好きだからか、肉を食べることに道徳的な問題があると思っているかのどちらかである。私たちはつい、こう考えてしまいがちである。「何が人の厚生を促進するかというと、厚生にはあらゆる関心事が含まれるのだから、その人がなした選択こそすぐれた証拠になるのだ」と。多くの場合には、そう考えることが正しい。しかし、そうでない場合もある。

ここでの目的は、行動科学の最も重要な知見を参照しながら、「そうでない場合」を説明することである。これから見ていくように、行動科学には、民間が何をすべきか、そして政府の役割は何なのかということに直接関係している知見がある。

出発点となるのは、人は選択をするとき、後になって自分がその選択をどう感じるかということの予想をしたり、予測をたてたりしがちだということだ。これを「厚生予測」ということにしよう（私は本書で「幸せだ」とか「幸福」といった言葉もときに用いるが、本当に問題にしているのは「客観的な」厚生であって、「主観的な」幸福ではない。第7章で見るように、人は自分に関係する事柄かどうかという観点から、自分の人生をよくするものが何なのかを選びがちである。その選択肢が厳密にいって自分を「より幸福に」しない場合であってもそうである）。厚生予測にあたっての重大な誤りはさまざまなやり方で示せる。たとえば、①厚生予測と、厚生の直接指標となるもの、たとえば経済的に豊かかどうかといったこと（文脈に応じて、それが重要であると仮定する）を比較することによって。また、②その選択が、低い水準の主観的な幸福（ウェルビーイング）や、明らかに悪い経験につながるような状況を作り出すことによって。それは自分自身の当てる光によってそうなるのであり、いずれも自分で気にかけるものである。最後に、③厚生予測が、何が重要かをどう説明したところで明らかに関係ない要素から影響を受けていることを示すことによって、などである。

ジョン・ジョーンズにご登場いただこう。彼は昼食を食べそこね、ひどくお腹を空かせている人間であり、月曜日の午後遅くに食料品店でその週の買い物をしている。ジョーンズは現在のひどい空腹のせいで、週の後半に食べるつもりの夕食を買いすぎてしまったとしよう（昼食は後でオフィスに帰ったら普通の量を食べるつもりである）。このとき、ジョーンズは予測ミスのせいで悪い選択をしたことになる。こうした予測ミスはさまざまな理由で起こる。厚生予測はだいたいシステム2ではなくシステム1によって行われており、そのため、ほかの直観的な判断にも見られるようなバイアスの影響を受けやすいのである。

ダニエル・カーネマンとシェーン・フレデリックの議論によると、[*1] 直観的な思考をつかさどるヒューリスティックの多くには**属性代用**（attributive substitution）のプロセスが関わっている。この議論は理論と実践の両方に関連する。たとえば健康や安全、あるいは人種・性別に基づく差別などである。私たちが難しい問題に直面したとき、まず頭に浮かべがちなのは、関係はあるにせよ、より簡単な答えである。間違った問題に答えているとは気付けないままに、手っ取り早く使える答えを採用することがあるのだ。利用可能性ヒューリスティックを考えてみよう。あるリスクが心配すべきものかどうかという問題に対し、そのリスクがこれまで現実化した状況を思いつけるかどうかによって答える。この直観的な答えはまるっきり間違っているかもしれない。

厚生予測も同様の問題を抱えている。おいしそうな食料品を見てよだれが出ている買い物客の選択は、木曜日の夜の食欲の冷静な予想ではなく、その人の現在の空腹状態を表しているかもしれない。選択する時点と経験する時点で状況が異なる場合、選択時点での状態を反映した判断や意思決定にバイアスがかかり、それによって誤ってしまうこともよくある。

ここではっきりさせておくと、私の主張は、人は自分自身の好みを知らないのだということではない。選択した直後に経験がなされるとき、そしてその経験がよく見知ったものであるとき、人々は自分の好みを知っている。スープ皿からスプーンですくった二口目の味に驚かされることはほとんどないだろう。しかし、人は自分がこれから何を好むかを知っているとは限らない。時間的なギャップが長く、選択時点と経験時点の間にその人の状態や状況が変わるときには、誤りを犯す可能性が最も高くなる。

厚生予測の誤りについては、四つの領域がよく知られている。①将来の新しい生活環境に適応できるかどうかを予測しようとする場合、②選択時点と経験時点で、主体の感情や動機の状態が大きく異なる場合、③意思決定の性質が、全体からすればあまり重要でない結果の側面に注目しているものの場合、過去の経験についての欠陥のある評価に基づいて選択が行われる場合、である。こうしたことの知見が、政府が何をすべきかということにどのように関係しているかというのは、もっともな疑問である。しかし、人々の選択と厚生の関係を問題にする場合、こうした知見は重要な注意事項を示してくれる。私が引いているエビデンスには実験や経験によるものもあるが、その知見は現場でも同様に見られる。現場とはつまり、実生活のことだ。

適応の予測ミス

生活環境の長期的な変化が及ぼす影響を評価しなければならない場合は多い。社会心理学者のダニエル・ギルバートとティモシー・ウィルソンが、この精神活動を説明するために「感情予測（affective forecasting）」という言葉を作り出したことを思い出そう。[*2] 人々が生活を変えようとする決定の多くは、幸福を向上させたい、不幸を減らしたい、つまり厚生を増進させたいという願いによって動かされている。だからそうした決定は必ず、自身の状況が実際にもたらす影響についての何らかの理解に基づく。金持ちか貧乏か、肥満かスリムか、老いているか若いか、健康か病気か、……といったことが自分の幸福度にもたらす影響について、誰しも強い直観を持っている。また、結婚する知人、離婚する夫婦、終身在職権（テニュア）を得る教授とそうでない者、中西部からカリフォルニアへの引っ越し（その逆も）などについて、幸福だとか悲惨だとか予測する。こうした直観や予測は、仕事、結婚、離婚、カリフォルニアへの引っ越しといったことの意思決定に大きく関係しているだろう。ギルバートとウィルソンが指摘しているように、感情予測の誤りは間違った選択を引き起こしかねない。これは「欲求ミス（miswanting）」と呼ばれている。[*3]

感情予測には多くの研究があるが、その中心となる成果は「フォーカシング・イリュージョン」と呼ばれる。カーネマンはこれをシンプルな格言で説明している。「あなたが人生において重要だと考えていることが、実際に重要であるのは、それを考えている間だけである」。[*4]言い換えれば、人間は、自分が関心を集中させていることについては人生のどんなことであってもその重要性を強調してしまう強い傾向を持っているのだ。このバイアスは簡単に説明できる。生活環境の変化がどういう影響をもたらすかを評価するときには必ず、その変化がほかとどのように違うかという点に注意を向けることになる。たとえばカリフォルニアへの引っ越しを考えるとか、「カリフォルニアの人たちは幸せだ」という命題の是非を検討するときには、天気や気候についてのイメージがほかから目立って顕著になるだろう。しかし、こうしたつまみ食いのような焦点の当て方ではバイアスのかかった判断になりやすい。ある状況の特定の側面に焦点を当てるとき、将来的に自分がそれをあまり気にしなくなるという可能性を無視してしまうかもしれないのである。

フォーカシング・イリュージョンが確認されてきたのは、まさに次の質問の研究によってである。「あなたはカリフォルニアに住んだらもっと幸せになれますか?」。シュケードとカーネマンは、中西部の二つ、南カリフォルニアの二つの大規模大学の学生を対象に意識調査を行った。[*5] 学生たちは自分自身について、そしてもう一方の大学の「あなたのような価値観や興味関心を持っている学生」について、人生満足度の一連の質問を受けた。カリフォルニアと中西部の両方の回答者は、カリフォルニアの学生の方がはるかに幸せだろうと考えたのだが、自己申告による人生満足度は二つの場所でほぼ同じであった。

説明はすっきりしている。自分自身の幸福度(ウェルビーイング)を報告するように求められたとき、人は通常、健康や人間関係など、人生の中心的な側面に焦点を当てる。通常、気候にはあまり注意を払わない。しかし、異なる場所に住む人の幸せを想像するときには、場所によって異なる点が大きく浮かび上がってくるのである。したがって感情予測では、気候は実際の幸福度よりもはるかに重要になる。これがバイアスである。

フォーカシング・イリュージョンは、幸福度研究の二つの中心的な難問を解決するのに役立つ。[*6] 第一の難問は、人は人生の大きな変化にも驚くほどよく適応するということである。たとえ半身不随になるとか、宝くじに当たるといった劇的な変化であってもそうなのだ（ただ、これは不完全である。人生の満足度や主観的な幸福度の点では、半身不随になることはよくないし、宝くじに当たることはよいことだ。しかし、その影響は私たちが思っているほどには大きくない）。こうしたできごとは幸福感や悲壮感に大きな直接的影響を与えるかもしれないが、その最大の効果は長く続きにくい。半身不随者がそうなってから一年後に悲惨な思いをすることはほとんどないし、宝くじの当選者が一年後に特に幸せだということもない。

第二の難問は、第一の難問がまったくもって驚きであるということだ。適応はどこにでもあるのだが、感情予測が行われるときの幸福度の素朴な理論では、あまり表に出て来ることがない。たとえば、半身不随者を個人的に知っている場合を除き、半身不随者の気分について、その人が半身不随になってから一ヶ月しか経っていないと言われても、一年が経っていると言われても、同じような予測をしてしまう。回答者が宝くじの当選者の気分を予測する場合も、同じように時間に鈍感であることが観察される。個人的に宝くじの当選者を知らない限りは同様に、宝くじの当選者の幸福感のレベルを、当選の一か月後と一年後でだいたい同じぐらいに予測するのである。

ここで注目すべきは、半身不随についての個人的な経験による知識を持っている人の回答パターンが大きく異なっているという事実だ。[*7] 個人的な知識は、半身不随者の**最初のうちの**悲壮感を予測するときには重要な要素でない。こうした予測が本当に正しいかどうかを疑うのももっともだろう。しかし、よく知識を持っている回答者は、半身不随者の最初のうちの悲壮感の大部分が一年以内に解消されることを知っているのである。

注意が向かなくなることは、半身不随になったり、突然に裕福になったり、結婚したりといった人生の変化に適応するための主要なメカニズムである。[*8] 注意は通常、目新しさと関わっている。半身不随者、宝くじの当選者、新婚者になったばかりの人々は、ほとんどずっと自分の状態を意識している。しかし、新しい状態が目新しさを失うと、それだけに注意を払いはしなくなり、人生のほかの面がふたたび、多様な快楽反応として呼び起こされるのである。研究が示すところによると、たいていの場合、半身不随者は大事故から一か月後にはもうだいぶ気持ちが回復している。[*9] 直観に頼った感情予測は、具体的な個人的知識によって修正されない限り、この適応の過程を見逃してしまう。

ギルバートとウィルソンは感情予測にかかってくるバイアスについて体系的な研究を行った。その中では、適応の力を過大評価する傾向について二人が名付けた、**持続性バイアス**の実証例がいくつか示されている。代表的な研究として、ギルバートとピネルたちによる、テキサス大学の現職と前職の若手教員を対象にしたインタビューがある。[*10] 現職の助教には「人生満足度」に関する一四の一連の質問（「だいたいにおいて、最近はどのくらい幸せであるか」）を行い、さらに、終身在職権（テニュア）が与えられたり、拒否されるといったできごとについて、人生の各段階でそれぞれどのくらい幸せになるだろうと思うかについても尋ねた。元助教（昇進した人もいれば、拒否された人もいる）にも、幸福度を尋ねた。回答者たちは二つのグループに分けられた。テニュア可否の決定が過去五年以内の人と、六年から十年前の人である。

現職の若手教員は、テニュアのおかげで短期的には（最初の五年間）とても幸せになるだろうが、その後はそれほどでもないと考えている。また、テニュアを拒否された場合、最初の五年間はかなり悲惨な気分になるが、その後はかなり回復するだろうと思っている。しかし、テニュア可否の決定から五年間の実際の反応は、よいほうもそうでないほうも、予想されたよりもずっと穏やかであった。ギルバートたちの報告によると、デートのようなことから、政治家の選挙結果、大きなスポーツイベントの結果に至るまで、他の領域での成功や失敗のインパクトを予測するときにも同様のバイアスがかかるという。この研究から得られた結論は、人は自分の幸福を増減させる人生の状況についての期待を、ほとんど決まったやり方で系統的に間違えるということである。これが意味するのは、人々は幸福を追い求めて行う人生選択であっても同様に間違えがちだということだ。[*11]

私はここまで、幸福が重要なことのすべてではないと述べてきた。人は意義ある人生のためには笑顔をいくらか犠牲にするかもしれない。しかし、ここで議論してきた事例では、幸福は人々にとって重要な要素である。にもかかわらず、何によって幸福になったりならなかったりするのかの判断を間違えたのだ。

過去から学ぶときのバイアス

消費者の選択には、見慣れたメニューのあるレストランに行くときのように、すでに体験したことが含まれていることが多い。個人的な記憶をもとに選択するとき、人はおそらく自分が選ぶものを好むだろう。慣れ親しんだメニューからの選択にはたいした驚きがない。しかし、過去の経験の記憶に基づいた厚生予測をする場合、その記憶自体にバイアスがあるならばバイアスのかかった予測結果になるだろう。そうしたバイアスの要因はいくつか突き止められている。

過去の評価は、将来の予測と同様、評価が行われるときの個人の感情の状態に根ざしている。さらにいえば、ある結果から拡張して全体を評価するとき、私たちはほとんど決まったやり方で系統的に、そうした経験の一部を過大評価し、その他の部分を過小評価するのである。過去のエピソード評価にかかるバイアスについては、種類と持続時間の両方で変化するような種類の経験を後から評価したものを実験参加者が報告した、初期の一連の実験で実証されてきた。その経験とは、楽しい／恐ろしい映画、不愉快なほど大きな音、痛みをともなう医療処置などである。*12 こうした実験のほとんどで、参加者は操作レバーを使ったり、定期的な質問に答えたりして、現在の自分の経験の質を継続的に、あるいは一定期間ごとに報告した。

こうした実験から得られた最も強力な知見の一つは、過去のエピソードを振り返って行う回顧的評価が、人々が刺激にさらされた時間の長さとまったく無関係だったことである。これは**持続時間の無視**と呼ばれている。*13 本質的には、快い経験も不快な経験も、回顧的評価は時間の長さではなく、**ピーク・エンドの法則**によって説明できるのである。これは経験の質の最も極端な時点と終わりの時点で単純に平均を取ることによって、回顧的評価をきわめて正確に予測できるということだ。

ピーク・エンドの法則は、痛みをともなう経験の持続時間が長くなると、物事はよくなるのではなく悪くなるはずだという合理的評価の基本原理に反している。しかし、ピーク（最高時点）が変化せず、その後のエンド（終了時点）がそれよりも悪くない場合、ピーク・エンドの法則によれば、痛みの時間を長くすることによって記憶に残る厚生を向上させることができる。カーネマンたちはこの結果を実証するため、実験参加者にコールド・プレッサーと呼ばれる実験を三回やってもらった。痛くなるほど冷たい水に手首まで浸し、実験者が離してよいと言うまでそのまま浸けておく。最初の二回の実験は次のように行われた。*14 短時間の実験では、手を六〇秒間、一四℃の水に浸した（これはあまり冷たくなさそうに思えるかもしれないが、カナダに接するメイン州の沖合の海に入るようなものだと思えばわかるだろう）。長時間の実験では、手を六〇秒間、一四℃の水に浸し、その後、三〇秒かけて徐々に水温を一五℃に上げていった。二つの実験は七分間隔で行われ、その順序は参加者によって異なっていた。

参加者は操作レバーを使って、自分が経験した痛みの強さを継続的に示した。短時間の実験が終了した後では、どちらの条件でも、報告された痛みの強さの平均は六〇秒後に0から14段階で8・4であった。長時間の実験が終了した後では、報告された痛みの平均値は5・8であった。多少の痛みはまだあるが、ピーク／エンド（最高時点と終了時点）の平均値ははるかに改善した。

二回目の実験の七分後に、各参加者は、二つの実験のうちのどちらを三回目でふたたび受けるかを選択するように求められた。全体では、三二人中、二二人の参加者が長時間の実験を受け、回避できたはずの三〇秒間の痛みにさらされた。長時間の実験を選んだ割合は、その実験の最後の三〇秒の間に痛みの減少を示した参加者のうち八〇％（一七／二一）であった。残りの一一人の参加者は、痛みに変化がないとしていたが、長時間の実験と短時間の実験で同数の選択肢に分かれた。両方の結果は、ピーク・エンドの法則によって予測される。

同様の行動は他の状況でも観察されている。たとえば、大腸内視鏡検査の臨床実験が実施され、ランダムに選ばれた患者の半数が、器具を取り外す前に約一分間、器具を静止させたままにすることで大腸内視鏡検査を延長するという状況にさらされた[*15]。余分な時間は不快なものだったが、大きな苦痛ではなかった。信じられないかもしれないが、この操作は、この措置の痛みを後から振り返る回顧的判断の大きな改善につながった。そしてその後の五年で、再度の大腸内視鏡検査を進んで受けようとする人数の増加にもつながった。

こうした実験では、人は少ない痛みよりも多くの痛みを意図的に選んだわけではない。それどころか、基本的には痛みは少ないほうが多いよりもよいと思っており、注意が適切に向けられていればその基本に従っただろう。驚くことではないが、二つのコールド・プレッサー実験が口頭で説明されるときには、長時間の実験よりも短時間の実験のほうが好まれる。悩ましいことになるのは、記憶に基づいて選択するときである。なぜなら、そうした好みは、過去のエピソードの評価のための要素である持続時間が無視されてしまっていることを表しているからである。記憶に基づいた選択が、いつ、どのような場合に誤るかについてはもっと多くの根拠が必要である。しかし、そうした誤りが起こることに疑いの余地はない。

現在の感情状態

お腹をすかせた買い物客のジョン・ジョーンズの事例は、まさに膨大な量の研究で探求されてきた説そのものである。将来の自分がどのように感じるかという予測が、現在どのように感じているかによって大きく影響されるのである。この結果は、現在の精神状態を将来の精神状態に投影しているため、「投影バイアス」と呼ばれる。*16 面白い例としては（不安にさせるかもしれないが）「ホット・コールド感情移入ギャップ」がある。[*17] 空腹、セックス、怒りなどによって興奮しているとき、人は「冷静な」状態で自分がどう行動するかという予測を誤る。また、冷静なときには、興奮しているときの影響を見誤る。いずれの状況でも、自分の現在の状態からの変化がもたらすインパクトが過小評価されてしまうのである。

空腹の買い物は仮定の話ではない。よく知られているように、空腹状態にある買い物客は、まるでずっと飢餓状態が続くと考えているかのように食品を買ってしまいがちである。[*18] しかし、スーパーに入る前にマフィンをもらって食べた客は、買う物を予定のリストの通りに収める傾向が強い。[*19] この効果は簡単に説明できる。現在の空腹感に応じて、食べ物の魅力が増すのである。もちろん、空腹の買い物客にはたまらなくおいしそうに見えるごちそう（または袋入のポテトチップス）も、食べた後になってみれば魅力がほとんど失われているかもしれない。同様に、テレフォンショッピングの客は、買うときの天気に過度に影響され、後になればほしくもなくなるものを買ってしまいがちだという研究もある。[*20] たとえば、ひどく寒い日に購入された暖かい服は、後になって返品されやすい。

投影バイアスがあるせいで、私たちは自分が選んだものが気に入らなくなりやすくなる。意思決定が現在の状態から影響を受ける場合、似たような誤りを同様に犯すだろう。フィットネスクラブの会員権購入を考えてみよう。申し込むときには健康上のメリットに注意が向けられるが、後にそのクラブに行くかどうかを考えるときには別の考慮要素が重要になりやすい。こうした重要性の変化を予測できなかったことが、会員権の購入者の多くが、後になってほとんど、あるいはまったく利用しないことの一因になっている。[*21]

より一般的にいうと、人が行う徳の高い意思決定には、その選択を引き受けて生きていかなければならなかったり、そうすることを拒否したりする将来の自分への十分な共感が不足している場合もある。この現象を見事に示すものとして、ダニエル・リードたちが映画の無料レンタル券を配った例がある。[*22] その券で二種類の映画を観ることができる。啓発的で「高尚な」作品（『シンドラーのリスト』［スティーブン・スピルバーグ監督、一九九三年］のような）と、気楽なエンタメ作品（『めぐり逢えたら』［ノーラ・エフロン監督、一九九三年、原題 *Sleepless in Seattle*］のような）である。映画は当日の夜か、翌日に見ることができるようになっていた。そうすると人々は、当日の夜は気楽な映画を、翌日は高尚な映画を選ぶ傾向にあった（驚いただろうか？）。賢くなりたい、何かを学びたいという欲求が後に観る映画を選ぶときには顕著であり、リラックスしたい、楽しみたいという欲求が、すぐ観る映画を選ぶときに顕著なのである。

文脈の力

ある商品は他の商品と直接比べて評価されることもあるし、それ単体で評価されることもある。二つの商品のうちどちらを好むかという選好は、両者が直接に比較される場合と、支払い意思やレーティングによって別個に評価される場合とで変わってくるかもしれない。クリス・シーは、こうした選好の逆転を生み出す重要なメカニズムを明らかにした[*23]。商品が直接比較されたときには商品間の微妙な違い（紫の二つの色合いのような）に気付くかもしれないが、商品が別々に評価されたときには同じ違いでも見つけられないことがある。別々に評価されるときには重要でない特徴であっても、並べて評価されるときには目立って顕著な違いとなる[*24]。

単純な例を挙げてみよう。十万語収録で表紙が破れている辞書と、五万語収録で表紙がきれいな辞書、どちらがいいだろうか。二つの辞書を直接に比べてみるとき、ほとんどの人は分厚いほうを選ぶ。しかし、二つの辞書を別々に評価するときには、表紙が破れている大きい辞書よりも、表紙がきれいな小さい辞書のほうが選ばれやすい。ここでの目的にとって重要なのは、ある商品（ラジオや携帯電話、自動車など）は、別々に評価されるときには欠点が目につくようなものでも、並べて同時に評価されるときには選ばれることがあり、結果的に劣った経験になるかもしれないということである。

シーはこのことを説明するのに、説得力のある思考実験を示している[*25]。ステレオスピーカーを購入しようとして、オーディオ店でいろいろなモデルを比較しているとしよう。あなたは同じぐらいの値段のスピーカーAとBに絞ったとする。AのスピーカーはBのスピーカーよりも多少よい音がするが、見た目がまったくよくない。あなたはどちらを選ぶか。店内では、二つのモデルを並べて同時に評価する。店内での意識は音質に集中していることが多く、そうした性質の小さな違いをかなり重視するかもしれない。しかし課題は、自宅で音楽を聴いたときにスピーカーから得られる厚生を予測することである。自宅ではスピーカーは一セットだけだろうから、別々に評価することになる。音質の小さな違いは、比較する基準がなければ気付かない程度だろう。それとは逆に、モノがきれいかそうでないかは比較する必要がない。そのため、シーが述べるように、人々は音質の小さな違い（しかし店内ではわかる）を意識しすぎて、見た目の違いをあまり意識しないというミスを犯しやすいのである。

比較効果は、課題として明確に要求されていない場合でも生じることがある。モアウェッジたちの研究では、数分後にポテトチップスを食べるのがどれだけ楽しいかを予測するように参加者に求めた。[*26] ある実験条件では、ポテトチップスの隣にチョコレートバーが置かれている。別の条件ではチョコレートの代わりにイワシの缶詰が置かれていた。無関係な食品が将来の楽しみの予測に影響を与えたのだが、チョコレートがあったときにはポテトチップスの魅力が大幅に減少した（人々がイワシよりもチョコレートを好むならば十分に理解できる）。比較が求められていたわけでもないにもかかわらず、比較して予測がなされたのである。しかし、ポテトチップスの最終的な楽しみは、テーブルの上に残った無関係な食べ物の影響をまったく受けなかった。食べるという経験は実際に消費する食べ物に焦点が集中しており、選ばなかった選択肢には左右されないのである。

選択の文脈と経験の文脈との間の異なるタイプの不一致は、順番に消費されることになる商品を同時に選択するときに生じる。もはや通じにくくなってしまった古い例としては、CDプレーヤーの再生棚にどのCDを積むかという選択がある。[*27] 一度に決定をする際には、望ましいと思われる多様性の属性（CDの場合、歌手や音楽の種類の多様性）に焦点が当てられる。しかし通常、消費するという経験では、一連の流れの多様性はあまり重要ではない。その結果、人々は、実際に楽しむよりも多くの多様性を選択してしまいがちなのである。

この現象を初めて実証したのはイタマール・シモンソンで、二つのクラスの生徒を対象に実験を行った。[*28] 教師としての自分の評価を上げるための見事な方法として、彼は三週間連続で生徒に菓子を持ってくることを約束した。生徒たちは、スニッカーズバーから袋入のポテトチップスまで、六つの菓子のメニューからどのスナックを選ぶかを決めなければならなかった。二つのクラスの設定の唯一の違いは、一方のクラス（同時選択グループ）の生徒は初回に三つの菓子をすべて選択し、もう一方のクラス（順次選択グループ）の生徒は各回に一つの菓子を選択したことである。同時選択グループでは授業ごとに異なる菓子を取るのに対し、順次選択グループでは毎回同じ菓子をほしがることが多かった。順次選択グループのほうがおやつを楽しんでいたのではないかと思われる。

この研究は、ダニエル・リードとジョージ・ローウェンスタインが「**多様化バイアス**」と呼ぶものを示している。つまり、**過度の多様性を選ぶ傾向**のことだ。つまり、順次的な選択のほうがよりすぐれた厚生の経験につながることが示唆されている。この予測は、参加者が同時に、または順次的に行われた意思決定の楽しみを報告する研究で確かめられてきた。たとえばリードたちの研究では、参加者が二つのオーディオトラック（音楽やコメディ）を、順次または同時に選択した。同時選択では、より多様性の高いほうが選択されたが、しかし多様性の高いセットは多様性の低いセットよりも楽しまれなかった。[*29]

もちろん、人が他人のことを気にかけるのは事実である。道徳的に行動したいだろう。そして、何かを選択するとき、自分自身の幸福度が唯一の問題ではないかもしれないし、中心でさえないかもしれない。しかし多くの場合、人はおおむね、できるだけ自分が豊かになるような選択をしようとしている。問題は、この課題を遂行するためには、さまざまな可能性のある結果が、将来どのように経験されるかを予測することから始めなければならないということである。そして、その予測にほとんど決まった形の系統バイアスがかかっている場合、その選択はよくならないかもしれない。将来の厚生の予測では、きわめて多くの場合にバイアスがかかることがわかっている。[*30] 第6章でこの問題に立ち返る。当面は、政府が行動科学をどのように利用しているかに焦点を当ててみよう。

第4章　政府

Government

本書ではこれまで、行動科学全般、特にナッジが世界中で高い注目を浴びていることを述べてきた。[*1] 先進国も発展途上国もその活用のチャンスを探っている。そうした新たな政策の取り組みは異例の速さで開発が進められている。どんな説明もすぐに古臭くなってしまうほどだ。カナダ、アメリカ、ドイツ、日本、オーストラリア、ニュージーランド、スウェーデン、デンマーク、オランダ、カタール、アラブ首長国連邦では、情報開示、警告、初期設定ルールなどの手段を用いた重要な取り組みが行われている。これは化石燃料節減、金融、エネルギー効率、環境保護、交通安全、喫煙、ヘルスケア、肥満など、分野も多岐にわたる。肥満防止については、食生活の改善に向けた取り組みで行動インサイトが疑いようもないほど大きな役割を果たした。結果的に、行動科学の多くの知見とナッジは、多くの国々での行政による規制やその他の政策決定のための重要な参照点となった。

イギリスでの取り組みは最も有名である。これは二〇一〇年にデビッド・キャメロン元首相のもとで始まった。「ナッジ・ユニット」と呼ばれることもある「行動インサイト・チーム」が創設され、人間行動の理解を政策に取り入れることを具体的な目標とした。初期の段階では、公式ウェブサイトで「行動経済学と心理学の分野で増え続ける学術研究の知見を活用し、意思決定がなされる枠組みをほんのちょっと変化させることで、人々の反応に大きな影響を与えることができる」[*2]と述べられた。

現在では民間も取り込みながら、行動インサイト・チームはどんどん野心的になり、三〇以上の国々でナッジが活用されるようになった。禁煙、エネルギー効率、臓器提供、消費者保護、雇用、犯罪、男女平等、ＣＯＶＩＤ-19、一般的なコンプライアンス戦略など、きわめて多くの分野での取り組みを促進するため行動インサイトが用いられてきた。その他の国々からも強い関心が寄せられており、この活動は拡大を続けている。二〇一二年にはアメリカが独自の行動インサイト・チームを設立した。現在ではオーストラリア、シンガポール、オランダ、ドイツ、カナダ、カタール、レバノン、サウジアラビア、インド、日本など、多くの国々がそれに続いている。

ここで注意しなければならないのは、世界の行動科学の仕事はほとんどの場合、管轄の範囲が広い部署や省庁によって行われており、「行動科学チーム」という専門部署があるわけではないということだ。たとえば私の場合、バラク・オバマ大統領のもと、ホワイトハウスで情報規制問題室の長として働いていた。私たちは運輸省、環境保護局、社会保障局、財務省、保健福祉省など、多くの部署と行動科学の知見をおおいに用いながら協働したのだった。同様のことがドイツ、デンマーク、カナダなど多くの国でいえる。

行動経済学は、ヨーロッパ全体でかなりの関心を集めてきた。経済開発協力機構は早くから「消費者政策ツールキット」を発表し、行動科学の知見に基づいた多くの取り組みを推奨している。[*3] 欧州連合では、健康・消費者保護総局も行動経済学の効果を示している。[*4] **グリーン行動**と呼ばれる欧州委員会の報告書は、環境保護の政策的な取り組みの概説に行動経済学も用いている。[*5]民間の組織もまた、環境、健康関連、その他のさまざまな目標を推進するために行動科学インサイトを活用している。[*6]前述のように、国連、世界銀行、世界保健機関でも重要な取り組みが行われてきた。

アメリカでは規制の取り組みが行動科学の知見に直接に基づいて行われてきた。重要な法律の設計にあたって、行動科学ははっきりそれとわかる役割を果たしてきた。たとえば、クレジットカードの説明責任と情報開示に関する法律、アフォーダブルケア法、ドッド＝フランク・ウォール街改革法などである。[*7]それだけでなく、規制に関わる現行の大統領令の多くは規制国家にとって小さな憲法のようであるが、そこにはナッジの考えにきわめて近いものが直に組み込まれている。「規制行政機関は、国民にとっての負担を軽減し、柔軟性と選択の自由を維持する規制アプローチを検討し、明確化しなければならない。そうしたアプローチには、警告、適切な初期設定ルール、明確でわかりやすい形での国民への情報提供と情報開示要件などがある」。[*8]大統領令一三七〇七号はさらにはっきり「行動科学インサイト」という平易な言葉で述べ、規制行政機関にそのインサイトを考慮に入れるように求めている。[*9]

行動科学の知見が、世界中の規制、法律、公共政策に大きな影響を与えていることは明らかである。この影響は今後数十年の間にさらに大きくなるだろう。特筆すべきは、行動科学の知見は従来の政治的な区分を超えて活用されており、多様な国々の多様な見解を持つ人々にアピールできそうということだ。ホワイトハウスでの私自身の経験では、ほとんどのナッジは人々を政治的に分断などしなかった（ほかのたいていは分断につながっていたのだが）。行動科学の知見は、低コストで高い効果がありそうな介入の可能性を示しているため、[10] 経済的に困難な時代には特に注目されやすい。

FEAST

行動科学の知見は二〇二〇年のCOVID-19パンデミックへの取り組みにあたって特に重要であることが示された。パンデミックへの対応場面では行動経済学とナッジは広範囲にとって魅力的であり、政府だけでなく、病院、大学、一般企業などの民間機関でも大きなところ、小さなところを問わず活用されるようになった。たとえば、人がどこに並ぶべきかを示すソーシャル・ディスタンスのマークはどうか。ナッジである。

こうした取り組みを整理するため、シンプルな枠組みを頭文字の略語で理解することができる。FEASTである。このアイデアは、行動インサイト・チームのEASTの枠組みがベースになっている。[11] EASTは「簡単（Easy）」「魅力的（Attractive）」「ソーシャル（Social）」「タイムリー（Timely）」の四つの理念を指している。

「簡単」という第一の理念は、もしあなたが誰かに何かをしてもらいたいと思っているならば、それを簡単にしなさい、ということである。それをするためには何を、どのようにすべきかを知らなければならないし、負担になったり、苦痛になったり、コストがかかったりしてはいけないのである。自動登録は、そのための努力をする必要がないというシンプルな理由によって参加率を大幅に向上させることができる。行動を変えることが目標であるときはいつでも、最大の問題が見落とされることがよくある。**なぜ人々はまだそれをしていないのか**、ということだ。その答えを得たならば、公務員も、雇用主も、学校、その他もみな、問題を取り除く措置を取ることができる。

E（簡単）に焦点を当てるならば、選ばれるべきアプローチはすんなり決まりそうに思われるかもしれない。自動化することだ。もし、それが不可能な場合には、二番目によい方法もまたシンプルである。簡単にすればいい。前述の自動化の効果のわかりやすい例として、プリンタの初期設定がある。設定を両面印刷にしておけば、紙の使用量を大幅に減らすことができる。[*12]

ここから同様にわかるのは、人に何かをさせないようにするよい方法は、それを難しくすることだということだ。行動科学では「スラッジ［sludge：ぬかるみ］」という用語が、免許、仕事、許可証、その他さまざまな種類の給付金をもらいにくくするような面倒さ、または行政上の負担として使用される。[*13] スラッジはときに必要であったり、よいものであったりする。たとえば、給付金を受け取る人たちが本当にその資格があるかを確認するようなときだ。しかし、スラッジは邪悪であることも多く、深刻な危害を与えもする。そこには最も脆弱な人たちがいるのだ。

選択肢やメッセージが魅力的であるかどうかも重要である。シンプルで生き生きとしたコミュニケーションは、退屈で複雑なやりとりよりも効果がある。COVID-19についていえば、アイルランドの当局担当者はこのインサイトの力を見事に活用し、印象的な情報表示を行っている。ニュージーランドも同様である（もちろん、警告は魅力的であるべきだとか、生々しくあるべきだというわけでは必ずしもない。画像を用いて健康について警告する場合がその一例である）。

これまで見てきたように、人はまた、他の人たちが何をするかによって影響を受けがちである。これはEASTのS（社会的）である。多数派の行動を知らせるのは強力なナッジになるのだ。すでに述べたように、他人よりもエネルギーを節約していることを知ると、さらにエネルギーを節約するようになる。[*14] 現在、通用している規範をわかるように示すことによって行動を大きく変えることができるのだ。また、ある規範がまだ現在のものではなく、**できあがりつつある**段階であっても、その事実を公表することが効果的でありうる、という研究結果もある。[*15] この知見は強調しておく価値があるだろう。人は、他人がある行動にだんだん取り組むようになっていることを知ると、たとえそれがまだ多数派の支持を集めていなくても、行う可能性が高くなる。[*16] 運動、健康的な食事、マスク着用、環境にやさしい行動などの領域でもあてはまりそうだ。

タイミングがすべてだ。たいていの場合、人が決断をくだす、まさにその直前に情報（警告を含む）を提供するのが最もよい。前日の夜とか、注意が他のところにあるときではいけない。COVID-19の場合だと、各国政府がステイホーム命令や事業停止を緩和するときには、健康に関わる選択をする直前にメッセージを見ることができるように情報をセッティングしておくのがおそらく最もよいだろう。たとえば、そうしたメッセージは食料品店で出されるかもしれない。そこでのソーシャル・ディスタンスのシグナルは、どんなふうに並んだらよいかということだけでなく、一般的なリマインダーにもなる。

世界中の政策立案者に対し、EASTが有用であることが示されてきた。しかし、それには本質的な何かが欠けている。楽しさ（Fun）だ。だから私のささやかな修正案は、行動科学的な情報に基づいて、Fを加えてFEASTにすることだ［訳注：英語のFEASTには、「饗宴」「宴会」といった意味のほか、そのまま「楽しさ」という意味がある］。

野菜をもっと食べるように人々を促すにはどうすればよいか。スタンフォード大学のある研究では、二つの異なる方法が試みられた。[*17] 一つ目は、健康上のメリットを強調したラベルを用いた。二つ目は、楽しさと美味しさを強調したラベルを使用した。どちらも効果はあったのだが、楽しさのほうがより強力な動機付け要因であることが示された。健康を強調したラベルでは野菜の消費量が一四％増加した。これはもちろん大きな改善である。しかし、楽しさを重視したラベルでは二九％も増加し、驚くべき改善といえる。

行動科学的な情報に精通したマーケッターは、喜びや楽しさの大切さを熟知している。たとえばアマゾン社は「フラストレーション・フリー包装」で商品を販売している。それにはビニール、針金、段ボール紙といった、処分しにくいものがあまり使われていない。さらによいことに、フラストレーション・フリー包装はグリーン包装でもある。廃棄物が少なく、材質はリサイクル可能である。アマゾン社は面白い行動科学的な賭けをしている。フラストレーション・フリー包装の理念は顧客を笑顔にすることにある。それは持続可能性のような理念が動機付けるよりもずっと強く顧客を引きつけるだろう。

パンデミックが楽しいと思っている人はいない。しかし、政治的リーダーが行動科学の知見に敏感になれば、絶望、怒り、分裂、恐怖ではなく、楽観、団結、希望、たくさんの笑顔といった感覚を生み出すことができる。ニュージーランドのジャシンダ・アーダーン首相は、『イースターうさぎと歯の妖精』が「エッセンシャル・ワーカー」であって、仕事をすることが法的に認められているのだと説明し、ロックダウンにあってもどうにか、いくらかの楽しみを提供した。ニュージーランドでは、堅実さ、冷静さ、決断力だけでなく、ウィットや、団結の呼びかけ（ニュージーランドは「五〇〇万人のチーム」と強調）、そして一貫した陽気さによってパンデミック対応にほぼ成功した。そのスローガンは「親切に」である。

公衆衛生を含む、多くの社会問題にとってのＦＥＡＳＴ枠組みの最も重要な部分は、簡単というＥと、社会的というＳであった。複雑さと混乱は公衆衛生にとって致命的な敵なのである。しかし、この暗い時代にあってなお、あらゆるリーダーたちにお願いしたいことがある。Ｆ

（楽しみ）を忘れないでほしい。人間にはそれが必要だ。

行動インサイト制度化のアプローチ

行動インサイトを実装するためには、どのような方法が最もよいのだろうか。既存の制度や機関に全面的に頼ることはたしかに可能である。国家レベルのリーダーも含め、現役の公職者や公共機関が行動科学についての理解を活用するような仕組みも考えられる。たとえば、競争力、環境保護、治安、消費者保護、経済成長の促進・改善に関わる人たちが関連する研究に参加することもありうるし、民間・公共部門の腐敗撲滅、貧困、感染症、メンタルヘルス問題、肥満などとの闘いに関わる人たちもまた同様である。抽象的な理論ではなく、具体的な問題に焦点を当てることで、十分に確立された地位にある公職者には、少なくともたまには、そうした研究の活用を期待できそうだ（民間のリーダーたちも同様である）。

もし、そうした公職者に知識と真の権限があるとすれば、単なる研究機関やシンクタンクとは違うのだから、大きな改革を実現できるかもしれない。たとえ一人でも、適切な権限と任務が与えられれば、大きな影響力を持つことができる。あるモデルによれば、利害関係のある公職者は新しい研究にはまったく、あるいはほとんど関与しない。そうした人たちは、すでに知られていることに基づいて対応を進めるのである（そして、こうした問題に取り組んでいる民間部門と公式・非公式の協力関係を結ぶこともあるだろう）。このアプローチは、新しい部局や多額の追加資金を必要とはせず、関連する問題に注目し、適任者を任命するのに専念すればよいという意味において重要で最もシンプルな方法だ。カナダ、スウェーデン、デンマーク、ドイツ、アメリカでは、このアプローチが成功しており、行動科学情報に基づいた多くの改革案が採用された。ホワイトハウスでの数年間、私はこのアプローチにしたがって、既存の行動科学研究を活用するようにして既存の機関（情報規制問題室）で仕事をしたのである。

それとはまったく異なるもう一つのアプローチは、行動インサイト・チームや「ナッジ・ユニット」のような新しい制度機関を作ることであろう（これはイギリス、アメリカ、オーストラリア、ドイツ、オランダ、日本、カタール、インド、その他の多くの国々で行われていることを想起してもらいたい）。こうした機関はさまざまな形で設立でき、形態や規模も多様でありうる。最小限のモデルでは、知識の豊富な少人数のグループ（たとえば五人）が、関連する知見を持ち寄り、自分自身で研究に取り組んだり、それを促進したりすることになる。もっと野心的なモデルでは、チームは大規模（たとえば三〇人以上）になり、幅広い関連研究に取り組める。行動インサイト・チームは、政府の正式な一部として設立することもできるし（実際の影響を確実にするためには望ましいモデルだ）、純粋に助言的な役割にすることもできる。

実際の形がどのようなものであれ、このアプローチの利点は、関連研究に特別に専念し、実験計画についての高度な専門知識を持つような、専門特化したチームが取り組むことである。こうしたチームが、無作為化比較実験を含むような独自の研究を行っている研究者たちと協働したならば、きっと重要な知見を生み出せるだろう（実際、イギリス、オーストラリア、アメリカで行われてきたように、他国でも同様の試みがなされている）。しかし、そうしたチームの場合、実際の改革を始める権限や能力を欠いてしまうと、研究にとっての付属物のような部外者的な存在になってしまうリスクもある。重要なのは権限の有無だ。イギリスはこの種のアプローチで最も多くの経験を積んできたが、成功してきた理由の一端は、高度な支援とアクセスが得られたことによる。こうした問題で一つの事例がすべてにあてはまるということはないのだが、専門のチームを作ることに価値があると結論付けた国が増えていることには注目すべきである。もちろん、この二つのアプローチは補完的なものであることがわかるかもしれない。

ここでは、現在、公共政策の一翼を担っている「行動科学情報に基づいた政策」に焦点を当てながら、特にアメリカでの一連の例をあげてみたい。すでに述べたように、アメリカの取り組みに言及するのは私自身がそれになじみを持っているからであるが、同様の取り組みは他の国でも見られる。

初期設定ルール

なぜそれが重要なのか？

行動科学情報に基づいた政策ツールのオリンピック競技があったとしたら、初期設定ルールが金メダルを獲得するだろう。貧困との戦い、環境の改善、貯蓄の増加、消費者の保護などで、初期設定ルールは結果を左右する、きわめて大きな効果をもたらす。[*18] 初期設定ルールは、よい方向にも悪い方向にも使われうると理解することが重要だ。人が自分のためにならないプログラムに自動的に登録されてしまうと、結局は何の役にも立たないのに金を払うことになってしまいかねない。[*19] だから、初期設定ルールが本当に人々の厚生を増進するのに役立っているかどうかを確かめることが重要だ。

なぜ初期設定ルールが結果にこれほど大きな影響を与えるのかを正確に探ろうとして、これまで膨大な研究が試みられてきた。[*20] 主な説明は三つある。[*21] 第一の説明には、**惰性と先延ばし**が関わっている。初期設定ルールの効果を変えるには、初期設定を拒否する能動的選択をしなければならない。惰性の力と先延ばしの傾向性ゆえに、人々は現状をただそのままにするかもしれないのである。第二の要因は、初期設定ルールの**暗黙の支持**として捉えられるものに関わっている。たいていの人は、初期設定ルールは理由があって選択されたと信じているように思われる。変化を正当化するような情報が特にない限り、そこから離れるべきでないと考えているということだ。第三に、初期設定ルールは意思決定のための**基準点**を確立することがある。人は基準点からの損失を嫌うので、確立された基準点は重要な効果を持つ（損失回避についての行動科学的知見）。たとえば、初期設定ルールでエネルギー効率の高い電球が選ばれている場合、（エネルギー効率の低下という意味での）損失が大きくなるように思われ、その電球が使い続けられやすくなる。しかし、初期設定ルールで効率の低い（最初は安価な）電球が選ばれている場合には、先に支払う費用と比べた場合での損失が大きくなりうるので、効率の低い電球が好まれやすい。

この点から「保有効果（endowment effect）」について考えてみよう。人は同じ財であっても、他人が持っているときよりも自分が持っているときに高い価値をつけるということである。[*22] たとえば、コーヒーのマグカップや宝くじ、リスクからの自由などが与えられているとして、それを手放すときには、最初に手に入れるために払ったよりも多くの対価を要求しがちであるということだ。保有効果の理由とその境界条件はまだ明確ではないが、その一部は損失回避によって生み出されているように思われる。ひとたび自分のものになると、手放すのは嫌なのである。

初期設定ルールの効果が大きかったとしても（実際多くの場合にそうなのだが[*23]）、だからといって必ずしもプラスになるとは限らないことには注意が必要だ。[24]たとえば年金プランに初期設定されるとき、大半の人が利益を受けるかもしれない（そして脱退しない）。しかし、そうしたプランに初期設定されたとしても、現在の何か別のものにお金を使えなくなるので損をする人もいる（だとしても脱退しないかもしれない）。あるいは、グリーンエネルギー・プランに初期設定されたとしても、それがより有害なエネルギー源よりも高価であれば損をするかもしれない（それでも脱退しないかもしれない）。惰性の力のせいで、ある人を助ける一方でその他の人を害してしまうリスクが初期設定ルールにはつねにある。これは後で取り上げるが、初期設定の特定個人化カスタマイズを支持する点である。このことは、ナッジも他の政策ツールと同じように厚生分析の対象とされるべきであるという一般的な要点を強く示す。[25]全体として、私たちは助けられているのか、それとも害されているのか。この問題に答えるための標準的な方法はコスト・ベネフィット分析であるが、完璧とはとてもいえない。[26]

貯蓄

多くの国では、雇用主は長い間、労働者に年金制度への登録を希望するかどうかを任せてきた。登録が容易であっても、また登録のメリットが大きいと思われる場合であっても、登録を選択（オプトイン）する労働者の数は比較的少なくなりがちであった。[27]これに対応するために、初期設定を自動登録に変更し、労働者が脱退（オプトアウト）しない限り登録するようにした雇用主が増えた。その結果ははっきりとしている。オプトイン方式よりもオプトアウト方式のほうが、結果的に、はるかに多くの従業員が登録したのである。[*28] これはオプトアウトが簡単な場合でもそうである。自動登録はあらゆる集団にとって大きなメリットがあり、特にヒスパニック系、アフリカ系アメリカ人、女性にとって将来に予想される貯蓄額が増加したのは重要なことだ。[*29]

デンマークでは、自動登録の大きな効果がきわめて厳密に実証されてきた。[*30] 実際、自動登録の効果は、税制優遇措置の効果を大きく上回っている。税制優遇措置という高価な選択肢は、自動登録という安価な選択肢よりもはるかに効果が低いのだ。ここには一般的な教訓がある。ナッジは予想をはるかに上回る効果を発揮することがあり、それどころか、なじみのある既存ツールよりもはるかに費用対効果が高いこともある。[*31]

アメリカでは、二〇〇六年の年金保護法（PPA: Pension Protection Act of 2006）が行動科学の知見を直接に用いて、雇用主に自動登録プランの採用を推奨している。年金保護法は自動登録機能を含むプランのもとでの選択的繰延とマッチング拠出に対する無差別な免責を提供し、また自動登録を可能にするための州の給与源泉法からの保護を提供することによって、実現している。こうした試みを踏まえ、オバマ政権は、オバマ大統領の個人的な取り組みもあって、雇用者がこうしたプランを採用するように後押しする重要な取り組みを行った。それには、雇用者がより簡単に採用できるようにしたことも含まれている。[*32] 自動登録プランの重要なところは**自動上昇**であり、それによって初期の拠出金設定が過度に低い貯蓄レベルにならないようにすることができる。*33

学校給食

全米学校給食法*34は、資格の「直接確認」を可能にする第一歩であり、複雑さを軽減し、ある種の自動登録を導入している。このプログラムでは、特定のプログラムのもとで給付を得ている子どもたちは、無料の朝食・昼食を食べるために「直接認証」され、したがって申込書に記入する必要はない。*35直接認証を促進するため、農務省は最大で二七万人の子どもたちに学校給食を提供することを目指した暫定最終規則を発行した。*36数百万人もの子どもの追加的な加入が認められたため、直接認証の集計的な効果はそれよりもはるかに大きくなった。最近の計算によると、その数は一五〇〇万人近くになった。この数はじっくり考えるに値する。

金融

初期設定ルールを含むナッジは信用市場の重要な部分であり、賢明なナッジは消費者を助けるためにおおいに役立っている。*37一例として、連邦準備制度理事会による初期設定ルールの変更が挙げられる。*38この保護を提供するために、理事会は二〇〇九年に規則を発行し、銀行が当座貸越「保護」プログラムに顧客を自動登録することを禁止した。顧客のほうからサインしなければならないのである。[*39] この規制を正当化するにあたり、理事会は、退職問題に具体的に言及しながら、行動科学的な文献を直接に、そして広範囲に引用した。[*40]

興味深いことに、重要な論文で目録化されている研究結果によると、[*41] その効果は期待されたほどには大きくなかった。その理由は、銀行が、損失回避を含む行動科学情報に基づいた戦略を用いて相当数の人にプログラムへのオプトインを促したからである。にもかかわらず、かなりの数の人がプログラムに登録しなくなった。[*42] オプトインの全体的なレベルは一五％程度にとどまっているようである。[*43] オプトインの初期設定が効果的であったのはその程度であった。さらに、オプトインする割合が最も多いのは、実際に支払い限度額を超えている人々である。[*44] こうした人々にとっては、オプトインがよいアイデアであるとは考えにくい。

より一般的にいうと、「クレジットカードの説明責任と情報開示に関する法律」[*45] から得られる利益の大部分は、遅延損害金や超過利用手数料などの隠れた属性を対象とした、行動に関する情報に基づいた義務化と禁止による。こうした規定により、消費者は年間一一〇億ドル以上の節約に成功しているようである。そして、その節約額は信用度の低い人たちに集中している。[*46] ここにも大きな教訓がある。ある状況のもとでは、特定の商品属性を禁止することは、それが覆い隠されていれば、消費者（そして従業員や投資家も）を保護することができる。[*47]

ヘルスケア

アフォーダブルケア法（ＡＣＡ）[*48]の規定では、従業員二〇〇人以上の雇用主は、特定の日までに従業員をヘルスケアプランに自動登録しなければならないが、従業員の選択による脱退も認められている。ＡＣＡのもう一つの規定は、コミュニティ生活支援サービス・サポート法[*49]と呼ばれる。この規定により、全国的な任意の長期保険プログラムが創設された。ＡＣＡは自動加入システムを提供しており、雇用者は従業員がオプトアウトしない限り、このプログラムに登録することになる。[*50]さらに、ＡＣＡには、保険料の支払いのための自動給与控除制度が含まれている。

二〇一〇年二月四日、メディケア・メディケイド・サービスセンター（ＣＭＳ）は、州保健担当者（ＳＨＯ）書簡を介して州にガイダンスを提供した。[*51]州が適格性を判断するために必要なすべての情報を得ることができた場合、新しいオプションでは、適格な子どもをメディケイドまたは子ども健康保険プログラム（ＣＨＩＰ）に自動的に登録し、更新することができるようになっている。この方法では、家族や子どもがメディケイドやＣＨＩＰへの加入に同意している限り、メディケイドやＣＨＩＰプログラムの署名入り申請書なしで、メディケイドやＣＨＩＰへの加入を開始し、適格性を判断することができる。

制定後、ＡＣＡのさまざまな条項は政治的な理由もあって深刻な圧力にさらされ、そのうちのいくつかは廃止された。しかし、当初の制定は、国内の立法府における行動インサイトの力を示している。

給与計算書

二〇一〇年、国土安全保障省は、給与計算書の初期設定を紙から電子化に変更し、コストを削減した。[*52] 多くの政府機関が同様のことを行っている。この種の変更では、国家予算のバランスを正確に取ることはできないが、民間部門と公共部門の両方にとって、かなりの金額を節約することができる。

情報開示

情報開示には、簡単な短文から、難儀な長文まで、さまざまな形がある。情報開示は、うまくいけばGPS装置のように機能し、行きたい場所への行き方を教えてくれることもあれば、逆に悪夢のようにひどく混乱させてしまうこともある。情報開示がいつ効果的なのか、またその理由を正確に知るためには、多くの研究が必要である。[*53] しかし、情報開示が魅力的なナッジとなっていることに疑いの余地はなく、これまでに行われてきたことの多くは行動科学的な情報に基づいている。

情報開示の義務が課せられるのは、多くの場合、情報に乏しい消費者が情報に精通した販売

Book review

勁草書房

DECEMBER
2021

https://www.keisoshobo.co.jp

12月の重版

動物意識の誕生　下
生体システム理論と学習理論から解き明かす心の進化
シモーナ・ギンズバーグ
エヴァ・ヤブロンカ 著
鈴木大地 訳

名だたる学者たちが問い続けた「意識」という難問。神経生物学者と哲学者が手をとり、意識の進化研究を新たなステージへ押し上げる！

四六判上製 416 頁　定価 3960 円
ISBN978-4-326-15475-3　1 版 2 刷

カント［新装版］
岩崎武雄

カント哲学はなぜ偉大な哲学であるのか。主著『純粋理性批判』を中心に、その思想を現代的意義においてとらえる。

四六判上製 312 頁　定価 3630 円
ISBN978-4-326-19819-1　3 版 6 刷

レイシズムを解剖する
在日コリアンへの偏見とインターネット
高 史明

「行儀が悪い」ものであった、在日コリアンへの差別・偏見が再び繰り返されているのはなぜなのか。レイシズムの実態を明らかに。

四六判上製 240 頁　定価 2530 円
ISBN978-4-326-29908-9　1 版 4 刷

新版　ローマ法案内
現代の法律家のために
木庭 顕

歴史学を基礎として、著者は近代法の淵源ローマ法の「姿」を彫りだす。初版を大幅に書き換え、木庭入門的教科書ついに新版へ。

A5 判上製 232 頁　定価 3740 円
ISBN978-4-326-40342-4　1 版 4 刷

Rで学ぶ空間計量経済学入門
ジュセッペ・アルビア 著
堤 成人 監訳

A5 判上製 … 頁　定価 …
ISBN978-4-326-30308-3

疫学

新型コロナ論文で学ぶ基礎と応用

坪野吉孝

世界的な業績のある疫学者が、新型コロナ論文を題材に、疫学の基礎から応用をわかりやすく解説。基本用語から最先端技法まで網羅する！

A5 判並製 240 頁　定価 2970 円
ISBN978-4-326-70121-6

12月の重版

社会科学の哲学入門

吉田 敬

社会科学はいかなる「科学」か？ 科学哲学の観点からその営みの根本へとガイドする。哲学と社会科学を学ぶ全ての人のための入門書。

A5 判並製 232 頁　定価 2420 円
ISBN978-4-326-10296-9　1 版 3 刷

言語哲学入門

服部裕幸

言語に関心のある、好奇心旺盛な人々に贈る。言語学や哲学や論理学の予備知識はいらない。考えながら楽しく読める入門書。

四六判上製 248 頁　定価 3080 円
ISBN978-4-326-15369-5　1 版 9 刷

自閉症の現象学

村上靖彦

自閉症の人たちは世界をどのように経験しているのか？ フィールドワークをもとに、現象学によってその経験の構造を明らかにする。

四六判上製 272 頁　定価 2860 円
ISBN978-4-326-15395-4　1 版 8 刷

予測する心

ヤコブ・ホーヴィ 著
佐藤亮司 監訳
太田 陽・次田 瞬・
林 禅之・三品由紀子 訳

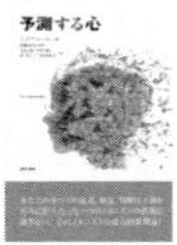

脳は受動的なメカニズムではなく、自ら予測を行う仮説テスターだ。これまでの理解を刷新する、心のメカニズムの統合的新理論。

四六判上製 516 頁　定価 5500 円
ISBN978-4-326-15472-2　1 版 3 刷

者とやりとりし、消費者と販売者のインセンティブがずれているように見えることが原因である。たとえば、自動車の販売者と顧客のやりとりを考えてみよう。販売する車の安全性について多くの情報を持っているのは売り手の側であるが、安全な車を運転することに大きな関心を持っているのは顧客の側だろう。あるいはレストランチェーンとその顧客のやりとりを考えてみよう。販売する食品の栄養特性について多くの情報を持っているのはレストランであるが、栄養価の高い食品を食べることに大きな関心を抱いているのは顧客であろう。

また、情報開示が、消費者を自分自身から守るために役立つという目的を果たす状況もある。こうした事例の中には、「行動科学的な市場の失敗」をともなう場合もある。内部性[*54]の概念を思い出してほしい。それは個人が自分自身に課すが、意思決定時には内部化しそこねてしまうコストである。喫煙者はタバコを楽しむかもしれないが、肺がんを楽しみはしない。食べ物をたくさん食べて体重が増える人は、その食事は好きかもしれないが、そこから生じる健康問題は好きでない。今日たくさんお金を使う人は、明日使うお金がまったくないことに気づくと、あまりうれしくないだろう。ナッジはこうした問題に対応する。行動科学的な情報が得られるときには、関連する情報開示をより効果的にするために、フォーマットやフレーミング、認知的要素などを考慮したその他の要件を規定できるかもしれない。

栄養表示

栄養の分野では、情報開示要件が数多く設けられている。たとえば、アメリカ農務省は、食肉製品に関する消費者への栄養情報の提供を義務付ける規則を発行した。そうした製品のラベルには、栄養成分を表示しなければならない。この規則のもとでは、栄養成分表示にはカロリーと総脂肪と飽和脂肪の両方の情報を書く必要がある。この規則は行動科学的な情報に基づいて、フレーミングが重要である可能性をはっきり認識している。ある製品がそうした「脂肪八〇％」のような割合を表示している場合、その脂肪率（「脂肪二〇％」）も記載しなければならない。この要件は、つまみ食い的なフレーミングから生じる可能性のある混乱を避けるためである。ある製品が脂肪八〇％であるという表示はそれ自体、脂肪率だけを顕著に目立たせており、誤解を誘うかもしれない。[55]

関連する筋の話としては、アメリカ農務省が、健康的な食事を促進するために数十年間ずっと使いつづけた食品ピラミッド表示を放棄したことがあげられる。ピラミッド型表示では情報が不十分だとして長い間、批判されてきた。健康的な食事に関して明確な「道筋」を提供していないし、食べ物についての私たちの現実の経験にもつながっていない。[56] その改善のために、アメリカ農務省は、果物、野菜、穀物、タンパク質を摂るには何を食べればいいかをわかりやすく示すマークが付いた仕切り皿の絵の、新しい、よりシンプルな表示に置き換えた。そこには、「おかずの半分を果物と野菜にする」、「砂糖入りの飲み物の代わりに水を飲む」、「無脂肪または低脂肪（一％）牛乳に切り替える」などの簡単なガイダンスが添付されている。このアプローチには、健康的な食生活を送ろうとする人たちに、何をすべきかを知らせるという重要な利点がある。これはGPS装置のようなものである。

二〇一四年、アメリカ食品医薬品局（FDA）は、ほとんどの食品の「栄養事実」パネルを改善・明確化することを提案した。この提案は、曖昧さのないナッジであり、行動科学的な情報に基づいている。それゆえにFDAの説明では、次のように述べられている。

表示の変更はまた、消費者の食品選択の長期的な健康への影響をより明確にし、食品消費の文脈上の手がかりを提供することによって、消費者を支援することができる。行動経済学の研究は、時間的に一貫性のない選好、近視眼や現在バイアスのある選好、内臓要因（たとえば飢餓）、または自制心の欠如に起因する消費者の内部の歪み（内部性）は、また、消費者の厚生を向上させるための政策介入のための可能性になりうる、ということを示唆していることに注意してほしい（……）。限定合理性のモデルに基づく予測と整合するようにして、消費者は、将来の健康への影響を現時点の利益に相対的に割り引いてしまうため、ほとんど決まったやり方で系統的に、最適でない食生活の選択をすることがある。人々の内的な市場の失敗のいくつかの形が食事関連の意思決定を特徴づける程度に、表示の変更は、消費者の食品の選択の長期的な健康への影響をより目立って顕著にし、状況に応じた食品消費への手がかりを提供することによって、消費者を支援できる。[*57]

規則の最終版にはこうした知見が盛り込まれており、行動科学の成果の影響を強く受けていることは間違いない。

クレジットカード

金融商品の文脈では、二〇〇九年にアメリカで制定された「クレジットカードの説明責任と情報開示に関する法律（CARD）」の設計において、情報開示は重要な役割を果たした。その規定の一つに、毎月の最低支払額のみを支払うのではなく、三六か月以内に残高を全額返済した場合の利息の節約額を情報開示しなければならないという小さな配慮がある。この種の情報開示義務には懐疑的になりがちだが、その結果、年間七四〇〇万ドルの利払いを削減することができた。[*58]

前述したように、CARD法には、クレジットカードの手数料を制限するために考案された、一見したところ控えめな条項が含まれている。たとえば、カード会社は、カード会員がそうした行為を許可することに同意しない限り、カード会員に与信限度額を超えた手数料を課すことは禁止されている。さらに、銀行はレートアップ（値上げ）をする場合には、カード会員に四五日前までに通知をしなければならず、また、レートアップが発効する前に、カード会員に口座を解約する権利を通知しなければならない。

こうした規定は、限度超過手数料と延滞料の両方を大幅に減少させることに貢献しており、このパッケージ全体では、アメリカのクレジットカード利用者は年間数十億ドルの節約になっている。*59 前述の通り、信用スコアの低いカード会員が最大の恩恵を受けているように見える。たしかに、そして重要なことは、このパッケージには、行動科学の情報に基づいた命令と禁止が含まれており、延滞料や使いすぎによる手数料を大幅に制限していることである。

健康管理

アフォーダブルケア法（ACA）には、医療に関して説明責任とインフォームド・チョイスを促進するために設計された多くのナッジが含まれている。実際、ACAは大部分が一連の情報開示要件であり、その多くは消費者に情報を与えることを目的とし、行動科学的知見に基づいた方法でその目的を達している。ACAのもとでは、同一の名称で二〇以上の店舗を展開するチェーン店のレストランはメニュー表へのカロリー表示が義務付けられた。また、そうしたレストランは、総カロリーと脂肪からのカロリー、脂肪、飽和脂肪、コレステロール、ナトリウム、総炭水化物の量などの追加の栄養情報を（顧客からの要望に応じて）書面で提供しなければならない。*60 もちろん、この種の情報開示義務の実際の効果については議論が続いており、さらなるエビデンスが必要である。[*61]

同様に、アフォーダブルケア法（ACA）一一〇三条は、「消費者が手頃な保険の選択肢を特定できるようにする即時情報」を求めている。それは受給者が手ごろで包括的な保険の選択肢に簡単にアクセスできるようにするインターネット上のポータルサイトの開設を義務付けた。そこには受給資格、利用可能性、保険料率、費用負担、総保険料収入のうち、管理費ではなく医療費に充てられる割合などの情報が書かれていなければならない。

ACAの規定を実施するために、アメリカ保険福祉省（HHS）は、保険会社が見込み客に関連情報のわかりやすい要約の提供を義務付ける規則を最終決定した。この規則には、年間保険料、年間控除額、カバーされないサービスの説明、ネットワーク外のプロバイダにかかる費用の説明などの基本的な情報が書かれている。これらは単に例にすぎない。アフォーダブルケア法には他にも多くのものが含まれている。[*62]

燃費

自動車メーカーは長い間、新車の燃費を一ガロンあたりの走行距離（MPG）で測定した数値の情報開示を求められてきた。この情報開示はナッジとなり、インフォームド・チョイスを促進するのに役立つ。しかし、行動科学者とアメリカ環境保護庁（EPA）の両方が強調しているように、MPGは燃料消費量の非線形測定値である。[*63] 一定の走行距離の場合、二〇から二五ＭＰＧへの変更は、二〇から二五ＭＰＧへの変更よりも、あるいは三〇から三八ＭＰＧへの変更よりも、燃料費の大きな削減を生み出す。

多くの消費者はこの点を理解しておらず、ＭＰＧを燃料費と直線的に解釈する傾向があることが研究結果から示されている。こうした誤りが生じると、燃料費を比較判断する際に、十分な情報に基づいた購入判断ができなくなる可能性がある。消費者は、低燃費車のコスト差を過小評価し、高燃費車のコスト差を過大評価しがちである。[*64] それとは対照的に、ガロン／マイルのような代替燃料経済性の指標であれば、紛らわしいことはない。ＭＰＧ指標の不完全性と誤解を招く可能性があることを認識し、アメリカ運輸省と環境保護庁は、根本的に改訂された行動科学情報に基づいた表示を義務付けた。そこには五年間の予想燃料節約量（またはコスト）についての明確な記述を含めなければならない。[*65]

情報公開と競争

情報開示の要件が明快でシンプルであるならば、それによって、商品を比較した買い物や、さらには市場競争が促進されるだろう。金融規制についてのアメリカ財務省の説明は、行動科学研究に直接に依拠し、「消費者とのコミュニケーションは、ただ法律を順守し、詐欺的でないだけでなく、思慮分別がある」ことを要求する価値を強調している。ここでいう思慮分別というのは、リスクとベネフィットの提示のバランスだけでなく、製品の重要なコストとリスクの説明の明快さと顕著な目立ちやすさが含まれている。[66] 財務省の分析は続けて、目標は次のようにあるべきだという。

テクノロジーの活用により情報開示を絶えず新しくしていき、個々の消費者のニーズに適応させる。（略）情報開示は消費者に、自身の財務上の意思決定の結果を表示する必要がある。（略）『規制当局は、』比較ショッピングを支援するために住宅ローンの計算表の開示を義務付けるか、奨励（略）すべきである。たとえば、消費者がどれくらいの期間家に住み続けるかの予測に基づいて住宅ローンのコストを表示する計算表は、標準的な紙の情報開示によって表示されるよりも、二つの製品間のより大きな違いを明らかにすることができる。[67]

このテーマに沿って、アメリカ消費者金融保護局は、「消費者が金融取引について責任ある意思決定を行うために、タイムリーで理解しやすい情報を提供する」ことを確保する権限がある。[68] また、消費者金融保護局は、「事実と状況に照らして、消費者が商品やサービスに関連するコスト、便益、リスクを理解できるような方法で、十分に、正確に、効果的に、消費者に情報開示されるようにするための規則を作る権限を与えられている」。[69]

この課題を達成するために、同局は、「（A）消費者に理解しやすい平易な言語を使用し、

（B）読みやすい書体などの明確なフォーマットとデザインを含み、（C）消費者に伝えなければならない情報を簡潔に説明する」モデルフォームを発行する権限がある。[*70] また、局長は、「消費者金融商品・サービスに関する情報開示やコミュニケーションの消費者による認知・理解・利用」および「住宅ローンの実績を含む消費者金融商品・サービスに関する消費者の行動」について調査・分析・報告を行う部門を設置することが求められている。新しいテクノロジーによって消費者に自分の選択と使用法を知らせることが可能になっており、こうした選択と使用法について消費者よりも企業のほうがすぐれた情報を持っている場合、このアプローチは特に重要であろう。[*71]

同じ目的のために、労働省は、年金プランの関連情報を労働者に開示するように義務付ける最終規則を発表した。この規則は、手数料と費用に関する情報を明確かつシンプルに開示するように要求し、費用とリターン情報の計算と情報開示に標準的な方法論を使用することによって、一部ではあるが、有意義な比較を可能にするように設計された。[*72] 明らかに行動経済学からヒントを得たこの規則は、投資家にとって相当な節約になったことを示唆する研究結果がある。[*73] 同様の措置として、運輸省は、アメリカの航空会社とオンライン旅行代理店に対し、前払いの広告運賃にすべての航空券税を組み込むようにウェブサイトのインターフェースを変更するように求めた。価格の隠蔽に対抗するために考案された、この行動科学情報に基づいた介入には大きな効果があり、その結果、消費者は多くのお金を節約することができたことがエビデンスによって示された[74]。

さらに別の例として、アメリカ教育省の最終規則は、教育機関に費用、負債額、卒業率、入学率の明確な情報開示を義務付けることで、営利教育の透明性と消費者の選択を促進している[75]。こうした情報開示は、「（教育機関が）入学希望者に提供する宣伝資料に含まれていなければならず、また「プログラムのウェブサイトのトップページに、シンプルで意味をなす方法で（略）提供しなければならない[76]」とされた[77]。

選択を構造化する

複雑さはまた、**選択肢の過負荷**として知られる現象を通じて問題を引き起こす可能性がある。伝統的な見解では、選択肢が増えることは消費者やプログラム参加者を助け、決して害するものではありえない。この見解は、新しく追加される選択肢が既存の選択肢よりもすぐれていない場合、私たちはただ単にそれを選択しないだろうという理にかなった判断に基づいている。一般的には、より多くの選択肢があることはたしかに望ましいのだが、とりわけ異常に複雑な状況においては留保をつける研究が増えている[78]。たとえば、４０１（ｋ）プランの投資オプションのメニューが拡大すると、加入者数が減少し、資産配分が悪化する可能性があるという研究結果もある[79]。

処方薬プランの文脈でこの一般的な問題に対応するために[80]、メディケア・メディケイドセンター（CMS）は選択の自由を維持しつつ、役に立たず不必要な複雑さを減らす措置を講じた。[*81] CMSのメディケアパートDプログラムの規則では、スポンサーは、複数のプランを提供する際に、それらのプランには意味のある違いがあることを確認するように求められている。この規則ではまた、登録者数が継続して少ないプランは、付加価値がないにもかかわらず選択肢を複雑化させるという理由で排除される。[*82]

顕著性

製品や状況の特定の特徴を消費者に対して目立たせることで、社会的な目標を促進できることも多い。顕著性を高めることは、効果的なナッジになりうる。[*83] COVID-19への反応を考えてみよう。その多くは特定の予防措置を顕著に目立たせることでなされている（家にいること、手を洗うこと、社会的距離をとること、マスクを着用すること）。あるいは、アルコール税を考えてみてほしい。そうした税が公示価格に明記されている場合、増税は、レジで適用される場合よりもアルコール消費に対してより大きな負の効果をもたらすという研究結果がある。[*84]

財政政策の文脈では、一回限りの小切手の形で支給するのか、それとも源泉徴収を減らす形で支給するのかという問題がある。どちらか一方の方法が支出増につながるのだろうか。一回限りの刺激の強い支払いは、経済的には同等である源泉徴収の減額よりも支出の増加に有意に大きな効果があることがわかっている[*85]。研究結果に裏付けされた、ありえそうな説明としては、存在感や可視性が重要だということがある。実際、関連する調査によると、大多数の世帯は源泉徴収の変更に気づかず、「小額ではあるが繰り返し給料が上がった」と感じた世帯では大きな買い物にそのお金を使う可能性が低いようである。

同様の点は、エネルギー効率の領域でも当てはまる。多くの消費者にとって、エネルギー効率の高い製品の潜在的な節約効果は、たとえその効果が大きかったとしても、購入時には目立たないかもしれない。「エネルギー・パラドックス」とは、エネルギー効率の高い製品を購入することが明らかに経済的利益になる場合でも、一部の消費者は購入しないという事実を指している[*86]。実証研究によると、価格以外の介入によりエネルギー使用の影響を明確にすれば、意思決定を変化させ、電力使用量を大幅に削減できることが示唆されている。そうした介入が、公共部門の節約だけでなく民間での節約にもつながるという研究結果がある[*87]。

関連するアプローチには、人々が情報を解釈するフレーム（＝枠組み）を特定し、検討しようとするものがある。年金の潜在的な利点を完全に理解していないと、消費者の中には長寿リスク（資産が足りなくなるほど長生きするというリスク）に対処するように退職金を検討しなくなる者がいるという研究結果もある[*88]。ある仮説では、一部の人々はリスクとリターンに焦点を絞った**投資フレーム**で年金を評価しているという[*89]。こうしたフレームを通して見ると、消費者は、自分たちが年金購入後すぐに死んでお金をすべて失うリスクに焦点を絞ってしまうのである。いくつかの研究では、消費者が時間をかけて消費できるものの最終結果に焦点を当てた**消費フレーム**へと消費者をシフトさせる試みが、年金の利点の可能性を理解するのに役立つことが示唆されている。[*90] ここでの目的は、退職に対する特定のアプローチについての見解を示すことではなく、単に関連するフレームが顕著性を高めることができると強調することである。

社会規範・安全・健康

行動科学者は社会規範の重要性を強調してきた。社会規範は個人の意思決定に大きな影響を与え、効果的なナッジとして機能する。私は、人々が自分と同じような位置にいる他の人よりも多くのエネルギーを使っていることを知るとエネルギー使用量が減り、お金の節約になると同時に、汚染を減らすこともできると指摘した。[*91] 同じことが健康に関連した行動にも当てはまる。健康に関連した行動をする人と一緒に生活したり、働いたりしていれば、同じような行動をする可能性が高くなることが以前から知られていた。そして、肥満の人のいる社会的ネットワークの中にいると、自分自身も肥満になる可能性が有意に高い。関連する他人の行動は、賢明で適切な行動方針についての貴重な情報を提供するのである。新しい規範について学べば、たとえ大多数がまだそうしていなくても、それに沿って行動する可能性が高くなることを思い出してほしい[*92]。

こうした点は政策に影響を与える。二〇〇九年十月一日、オバマ大統領は連邦政府職員に自動車運転中のスマホ使用を禁止する大統領令を出した。こうした措置は、運転中のスマホ使用に対する社会規範を促進し、リスクを減らすのに役立つ。これと同じアプローチ（社会規範を強調する）は、多くの領域で適用されうる。たとえば、小児肥満の領域では、健康的な食事と適切な運動を支持する社会規範が、大きな健康上の利益をもたらす可能性がある。ここでも他の分野と同様に、官民協働は重要な役割を果たすことができる。民間部門も、子どもたちのよりよい選択を促進するような新たな規範を後押しできる。

特に、肥満と闘うために考案された「動こう（Let's Move）」政策では、こうした官民協働が強調され、多くのナッジが取り上げられた。ファーストレディのミシェル・オバマは、健康的な選択を促進するためにウォルマートと協力した[*93]。ナッジに関しては、ウォルマートは消費者が健康的な選択を見極めるのを助けるために「ヘルシー・シール」を開発した。同様の流れで、多くの大規模な食品および飲料会社は、小児肥満と戦うための努力で、特定の日付までに自社製品から一・五兆カロリーを削減することを約束した[*94]。巨大な食料品企業は、製品の一・五兆カロリーをカットすることを約束した[*95]。関連する手順には、製品サイズの縮小と低カロリー食品の導入が含まれている。食品マーケティング研究所と食料品製造者協会は、小児肥満食に取り組むために一部で設計された「栄養キー」ラベルを通じ、情報に基づいた選択を促進することに合意した。[*96]

こうしたことは、公衆衛生を促進するために行動科学インサイトを活用する努力が世界中で行われていることの、ほんの一例である。COVID-19パンデミックの文脈では、そうした取り組みが広く行われている。ニュージーランドでは、予防行動との整合性がある新しい規範が繰り返し強調された。アメリカでは、イリノイ州のジェイ・プリツカー知事が「オール・イン・イリノイ」キャンペーンを開始した。その基本的な目標は、新しい規範を確立することであった。実際、パンデミックへの対応での成功には、行動経済学に基づいて規範を変えようとする意識的な努力を表したものもあった。

第5章　誤り

Mistakes

第3章では、人は自分自身の厚生（＝福祉）を促進しないような選択をしてしまうという意味で、時として重大な誤りを犯すことを述べた。ここからは視野を広げ、いくつかの原理的な問題に取り組んでみたい。

導入のために、いくつかの仮想事例を考えてみよう。

1　サラ・マスターズは最近、車を購入した。彼女は、後方の視界を確保するために設計されたカメラなど、さまざまな安全機能が込みになったプランを検討したが、七五ドルもの費用がかかるのでやめることにした。同様の決定をする消費者は多い。

2　ジェリー・ランカスターは太りすぎである（その結果、糖尿病になるリスクが高くなっている）。彼はダイエットしたいと思っているが、実際にどうすればよいかわかっていない。彼は毎日、ランチで外食し、高カロリーのメニューを注文しがちである。彼は自分が注文した料理のカロリーを知らない。多くの消費者は同様に行動している。

3　パメラ・ハーストンには勤労所得控除を受ける資格がある。彼女はそのことを知っている。しかし、どのように申請すればよいのかよくわかっていない。また、忙しすぎる。彼女は来月には申請しようと思っている。実は何年もずっとそう思っているのである。同じような人はたくさんいて、資格があるにもかかわらずその利益を得るための手続きをしないでいる。

4　エドワード・ウルナーは三〇代であり、健康である。あるパンデミック（二〇二〇年のコロナウイルスのパンデミックのような）の最中にあるが、彼は特に心配していない。自分が病気になるだろうとは思っていないし、もし病気になったとしても長引くことはないだろうと思っている。彼はマスクをしておらず、家にこもっているわけでもない。

この事例の登場人物たちが全員、後に深刻な害悪につながるような誤りを犯していると考えたとしても不当とはいえないだろう。また、特に4のウルナーの場合には、他者への危害も関係していると考えられる。しかし、仮にその可能性を除外して考えるにしても、ポイントは変わらない。ウルナーは自分の命を危険にさらしているかもしれないのだ。情報不足のせいかもしれないし、非現実的なまでの楽観主義のせいかもしれない。福祉の観点から、規制当局は何らかの方法で対応したいと考えるだろう。ナッジや、経済的インセンティブ、禁止や命令などが考えられる。[*1]

こうした問題について、政府はどのように考えるべきだろうか。パターナリズム的であるべきなのか。その場合、どんな方法で、どの程度までそうすべきなのか。私はここで二つの主張をしたい。第一は、規制当局は行動科学の知見に照らし、人々の自主的な選択を尊重するような作業仮説を採用すべきだが、それはその選択が適切な情報に基づき、また、さまざまな行動バイアスから影響を受けていないと十分にいえる場合に限るということだ。[*2] このことは、厚生分析への標準的な経済学的アプローチから出発するにあたっての重要な条件である。

第二の主張は、この作業仮説は、厚生それ自体を根拠として反論されうるということだ。たとえ人々の自主的な選択の中に「直接の」判断があったとしても(この「直接」は後で定義する)、規制当局がそれを尊重すべきでは**必ずしもない**。自分の目的を達成するために選択した手段が、逆に、自分の生を(自分自身の基準から見て)悪くしてしまうかもしれない。[*3] たとえば、人は早死にしたり、重い病気に苦しんだりもするが、その見返りに得られるものは(厚生をどんなふうに説明するにしても)十分とはいえまい。こうしたことの根本にある理由には、情報不足や行動バイアスが関わっている。それが何かはっきり特定できるかどうかはともかくとして、それぞれの事例での意思決定への介入は、先に述べた作業仮説と矛盾しないようにすることが可能である。しかしここでの本当の問題には、厚生をどのように理解するのが適切なのか、そして人がよい人生を送るうえで厚生とはどういうものなのかという哲学的な問題が関わっている。それでも、規制当局は、思慮分別のある人ならば多様な善や財について思慮深く関心を持つ、また、それぞれをどれぐらい重み付けるか、各自で異なった思慮深い判断ができるものだ、という根拠にしたがって慎重に行動すべきなのである。この点から、選択者が十分な情報を得ており、また、さまざまな行動バイアスから影響を受けていないと十分にいえる場合には特に、先述の作業仮説が支持されるし、また、人の自己決定に対して謙虚になる必要があるといえる。

こうした点から、行動厚生経済学は、応用的な問題に用いられたり、政府の各部門の中で用いられる場合であってもなお、明示的にではないにしても、厚生についての最善の理解に基づいていなければならない。私はここで包括的な説明を示してはいないのだが、簡単にいえば次のような主張になる。

1　快楽と苦痛を強調する純粋な快楽主義による説明は、人が思慮分別をもって気にかけている重要な面を無視している。

2　人々の選択を強調する選好ベースの説明は、さまざまな行動バイアスについて、また、ほとんどすべての人にあてはまるような、よい人間生活とは何かという部分について、あまりに注意を払っていない。

3　客観的な善による説明は、思慮分別のある人にとって重要な、人間の多様性や、多種多様な善を過小評価してしまいがちである。

先に述べた作業仮説は、この三点を包括できるプラグマティックなやり方として捉えられる。理論と実践の両方について、この仮説が求めているのは「完全には理論化されていない合意」[*4]である。つまり、私たちの間には原理的な問題について不一致や不確実性があるにもかかわらず、判断は収束できるという原理である。それによれば、配分効率に関する経済学的な理解は、有用であり、また重要でさえあるのだが、厚生のもっともらしい理解を何かしら捉えそこなっているのである。[*5]

ここまで行動経済学、および行動科学的な情報による法の分析の多くは、合理性の標準的な説明からの逸脱に焦点を絞っていることを見てきた。[*6] 現実の行動を探求することによって、選択と厚生の関係についての最も論争の激しい規範的問題を回避しているのである。こうした問題はまったく解決されていない。[*7] 行動科学の情報に基づいた公共政策に関心のある経済学者、法律家、その他の人々が、行動科学の知見を認めながらも個人の選好の至高性を主張し続けることができるのかどうか、できるとすればどのような意味なのかを探求する、興味深い研究が急激に増えている。[*8] 私の考えでは、十分な情報を得た、行動バイアスのない判断を尊重する作業仮説によって捉えられるような、一定程度の謙虚さを支持したい。[*9][*10] これから見るように、この作業仮説は一連の補助的な問いによって規律できるのだが、それは行動科学的な情報に基づいた法律や政策[*11]に特に関わる「手段パターナリズム」と「目的パターナリズム」の区別をともなう。

ときどきの厚生

選択は厚生を促進するのだろうか。第3章で見たように、最もよい答えはときどきである。情報を欠いているときにはうまく選択できないだろう。[*12] 売り手が行動バイアスを悪用するとき、消費者の選択はうまくいかなくなるかもしれない。[*13] そうしたバイアスを意識的には利用していないとしても、これまで見てきたように、注意力不足、惰性、現在バイアス、[*14] 非現実的なまでの楽観主義[*15]などのために人はうまく選択できないことがあり、何らかの規制的な対応が正当化される可能性があるのだ。[*16]

第3章でも説明したように、人は、選択肢が自身の厚生にどのような影響をもたらすかについて予測を誤ることがある。[*17] ほとんど無関係な要因や「フレーム」の影響を受けやすいのである。[*18] ここまで、オプトインの仕組みとオプトアウトの仕組みでは、結果的にまったく異なる状況になるかもしれないということを見てきた。[*19] そうだとすると、選好とは何なのだろうか？[*20]

さらにいうと、人の選好は、法的ルールや社会規範の内部で形成されているかもしれない。[*21] そうであるかどうかは別としても、選好や価値観は時間の経過とともに変化するが、選択者はその事実を事前にはよく理解していないかもしれない。[*22] 人は「変化する自分のために選択」[*23] しているかもしれない。熱心に肉を食べていた人が、サラダ好きになって肉を嫌うようになるかもしれない。学習によることもあれば、選好が本当に変わったということもある。こうした問題は、人々の選好によって法律や政策を基礎づける試みや、いかなるものであれ、選好を基礎にした厚生分析の試みに対して深刻な困難を投げかけている。これこそ、選好に完全には依存していない主観的な幸福度を調査する試みが、いくつもの分野で盛り上がっていることの説明になる。[*24]

この点を踏まえ、本章冒頭の、マスターズ、ランカスター、ハルストン、ウルナーの事例に戻ってみよう。マスターズは情報不足や非現実的な楽観主義に悩まされていそうだ。[*25] ランカスターは重要な情報を持っておらず、自制心にも問題があるかもしれない。ハーストンは先延ばししているようである。ウルナーも同様に情報を欠いており、非現実的なまでに楽観的かもしれない。この全部の事例において、何らかの規制的介入をすればの厚生を向上できる可能性がある。もし、厚生こそが私たちにとっての重要な関心事であるならば、何が何でも規制を控えなければならないとは考えないだろう。

法律や政策にはまだ用いられていないものの、ダグラス・バーンハイムはここでの根本的な問題についてきわめて慎重で啓発的な議論を行っている。[*26] 彼は「標準的な厚生経済学」が厚生と選択を結びつけているという指摘から始めた。私たちとしては、行動科学の知見を参照することにより、標準的な経済学理論の基礎を救済しようとするための最も明確ですぐれた試みとしてバーンハイムの議論を理解できる。[*27] バーンハイムの議論は、パターナリズムの正統な領分といえるような法律や政策の問題に直接に関わっており、それゆえ、ここで慎重に見ておく価値がある。

バーンハイムは、標準的な厚生経済学は三つの一般的前提に依拠していると述べる。[*28]

前提1：私たちは自分自身の幸福度を誰よりもよく判断できる。
前提2：私たちの判断は、首尾一貫し、安定した選好に基づいている。
前提3：私たちの選好が選択を導く。私たちが選択をするとき、自分自身の便益を追い求めているのである。

こうした前提は、「法の経済分析」の初期の数十年で中心的な役割を果たし、[*29] 現在でも重要であり続けている。バーンハイムは、結果として得られる理解が「哲学的な理念としては不十分かもしれない」と認めるが、だからといって「そのことに悩みすぎてはいけない」と主張する。というのも、これは「幸福度の重要な面を捉えており、有用な実装につながる」からである。[*30] これはきわめて理にかなった主張であるが、疑問点がまだ残っており、さらなる具体化の余地がある。たとえば、炭酸飲料税はよいアイデアかどうか、[*31] エネルギー効率規制が消費者の誤りへの対応として正当化できるかどうか[*32]、タバコへの重税が喫煙者の状態をよくするかどうか[*33]、自動車の安全規制が運転者に後方視界などの「経験財」を提供し、それによって自分の生を自分自身で向上させるようになるかどうか[*34]、パンデミックの状況で（ほかの人ではなく、選択者本人への害を防ぐために）ナッジや命令がよいアイデアであるかどうか、といったことを考えてみよう。こういった場合には、哲学的な理念として不十分であることが致命的な欠陥になるかもしれない。実際のところ、多額の炭酸飲料税は、厚生の観点からはよいアイデアのように思われるのだが[*35]。

そしてまた、厚生経済学の標準的な理解が「幸福の重要な面を捉えている」という主張は、正確には何を意味しているのだろうか。この主張はおそらく経験的な性質のものであり、多くの場合（第3章には反して）、人々の選好の充足は事実の問題として、幸福度（正しく理解された場合の）を促進するということだろう。それは単純に、人は自分が好きなものを知っているということによっている。バーンハイムがこうした主張をするときには、「主観的経験は本質的に私的であり、直接に観察可能ではないという、デカルト主義の中心原理」を引き合いに出している。さらに付け加えて、「私たちは自分がどのように感じているかを知っているが、ほかの人のことは知識による推測しかできない。こうしたことを考慮するとき、私たちの判断は尊重されるべきであるという強い前提が形成される[*36]」。

バーンハイムはまた、厚生ではなく自律に関わる別の議論を行っている[*37]。「私の人生についての私の見方は、結局のところ、**私の**人生だからこそ最優先される」。これは、たとえ誤りを犯すにしても選択者を尊重することが重要だというカント主義的な理念である。人は目的であって、手段ではない。この道筋で、ジェレミー・ウォルドロンは次のように主張する。

さらに根本的なところに、尊厳についての厄介な懸念がある。ほかの誰かが私たちの最善の利益だと（おそらく正しく）みなしたものを促進するようにして、私たちの多くの選択が操作されているのだとしたら、欠陥があったり誤ったりすることは多いものの自分自身の意思で行っている活動に対し、私たちが付与している自尊心はどうなってしまうのだろうか。私は尊厳を自尊という意味で用いている。それは個人が選択者としての自分自身の価値観を自覚しているということである[*38]。

人は**自分の**人生について選択をしているのだという理念を強調するのは、尊厳と自律を尊重しようとするコミットメントを表しているのだろう。厚生に対してではまったくない。こうした尊重は、法律や政策におけるパターナリズムへのきっぱりとした反対論として立ちはだかる。ウォルドロンの主張は、J・S・ミルがこの分野の古典的テキストである『自由論』[*39]で主張したことと重なっている。

文明社会の成員に対し、本人の意思に反して、正当に権力を行使しうる唯一の目的は、他人に対する危害の防止である。本人の幸福は、物質的なものであれ道徳的なものであれ、十分な正当化となるものではない。そうするほうが本人にとってよいだろうとか、本人をもっと幸福にするだろうとか、他の人々の意見によるならばそうすることが賢明であり、また正しくさえあるからといって、何らかの行動や抑制を命令することは正当でありえない。

ミルはこの有名な危害原理のための正当化理由をいくつか示しているが、ミルが最も強調し、またここで最も関連があるものは、認識論的である。それはバーンハイムの第一の議論と同系列にある。選択者は何が自分自身にとってよいことかを知るための最もよい立場にある。ミルの見解によると、政府の公職者を含め部外者が判断することの問題は、必要な情報の不足である。当該個人が「自分自身の幸福に最も関心を持っている人」であり、「通常、人は、他の誰かが持つことのできるものを超えて、計り知れないほどに知識のための手段を持っている」とミルは主張している。社会が当該個人の判断を覆そうとするとき、それは「一般的な想定」に基づいて行われるが、この想定は「まったく間違っているかもしれないし、たとえ正しいとしても、個々の場合に誤って適用されない保証はない」。その人の人生がうまくいくようにすることが目的であるならば、自分の道を見つけられるようにすることが最善の解決策であるとミルは結論づけている。

この結論は、ハイエクの「ある誰か『選択者』が知っていることのほとんどについて、取り返しのつかないほどに無知であるという認識こそ、**自由を支持する主張の主たる基礎である**」[*40]という主張とも共鳴している［［］補足は著者］。ハイエクにとって重要な対立軸は、多くを知っている選択者と、「取り返しのつかないほどの無知」を示す部外者（それが社会設計者であるときにはとりわけ）の間にある。

こうした議論の多くは私たちの主張（ふたたび第3章を参照）に対し、深刻な異議申立てをしている。しかし、現代の行動厚生経済学のいくつかの潮流は、個々の選択を尊重することは特定の条件のもとでは正しいアプローチであることを示唆し、ハイエクの方向に向けて緻密で啓発的な議論を行っている。バーンハイムは「主観的経験は本質的に私的なものであり、直接に観察可能なものではないというデカルト主義の中心原理」と「私たちがどのように感じているか」についての知識の固有性を強調したが、これはミルの「通常人は、他の誰かが持つことのできるものを超えて、計り知れないほどに知識のための手段を持っている」という主張とよく適合している。バニラよりもチョコレートを選ぶとき、マグロよりもサーモンを選ぶとき、サッカーよりもバスケットボールを選ぶとき、レクリエーションよりも休息を選ぶとき、貯蓄よりも消費を選ぶとき……、人々は自分の好きなものを知っているからそうするのである。部外者がその知識を持っていることはほとんどありそうもない。

繰り返すが、ここでは慎重でなければならない。マスターズ、ランカスター、ハルストン、ウルナーの事例に戻ろう。通常「自分がどう感じているか」について特有の知識を持っているとしても、当人基準でのその知識が完全でないかもしれないのもまたたしかである。[41] 選択が厚生に実際にどのような影響を与えるかというと、特に専門的な知識を必要とする分野であれば、外部の観察者のほうがずっとよく知っているかもしれない。[42] 選択者は予測問題を解決しなければならないことを思い起こそう。現実の経験よりも前のある時点で、その選択が経験に与える影響について決定しなければならないのである。[43] この問題を解決するためには、「自分がどう感じているか」を知るだけでは十分ではない。最低限、「自分がどう感じることになるか」を知らなければならないが、それを知るほどに十分に知っているということはないかもしれない。多くの場合に（最も劇的な例はパンデミックだが）、命令を支持する主張が厚生を根拠として妥当となることもありうる。ウルナーの事例を思い出そう。

しかし一般論としては、選択者の認識論的な優位性の主張には十分なもっともらしさがある。しかし同時に、行動科学の知見によって打撃を受けてきたことも事実である。

第6章　判断

Judgments

行動科学による打撃がたとえ見かけ上にすぎないとしても、それに悩まされる人は多い。[*1] 行動科学の知見は、「人は優れた判断力を行使するとは限らない」ことを示唆しているように思える。私たちはここまで、人は何が自分自身の幸福を促進するのか見誤ることがあるし、そうした場合には最善の判断者とはいえない、ということを見てきた。[*2] もしそうであるならば、ミルの認識論的な主張は著しく損なわれるし、法律や政策の目的にとってパターナリズムの余地が残される。それはナッジだけでなく、命令や禁止などの形をとる。[*3] 少なくとも厚生が指針である限り、それはたしかである。

手段パターナリズム

標準的な厚生経済学とミルの基本的立場の本質部分を再構築し、さらには救済する試みとして（うまくいけば）捉えられる議論において、バーンハイムは、「私が直接的判断と間接的判断と呼んでいるものを混同しているので、この主張には欠陥がある」[*4] と応答した。バーンハイムはこうして、行動バイアスがある状況での厚生分析のための選択志向的な方法の基礎を築こうとしている。その説明によると、直接的判断は最終的な目的、つまり人がそれ自体を気にかけるような結果に関わっている。間接的判断は最終的な結果につながるような、さまざまな選択用に関わる。直接的判断は本質的な善に関わり、間接的判断はその実現のための手段となるような善に関わる、と理解すればよいだろう。

バーンハイムは一例として、赤と黄色の二つの箱のどちらかを選ぼうとしているノーマという人を登場させている。赤い箱には梨が一つ、黄色い箱にはりんごが一つ入っている。ノーマはりんごが好きなのだが、赤い箱を選んでしまい、誤って梨という結果になった。これは厚生を減らしてしまう間接的判断であり、バーンハイムは、ノーマが誤ったということには同意する。さらにいうと、「行動経済学と心理学によって、ある種の間接的判断に疑いをつきつける十分な理由が得られる」。金、安全、健康などについての間接的判断の誤りを受け止めるならば、義務的な情報開示、警告、初期設定ルールなどのナッジが対応として考えられる。極端な場合には、禁止の正当化理由にもなるだろう[5]。しかし、間接的判断に限ってみれば、ミルの一般的な枠組みからさほど根本的には逸脱していないと主張できるかもしれない。つまり、間接的判断においてミルの認識論的な主張がうまくいかないことがあるのは、おそらく推論の何らかの失敗によるのだ、とだけ修正すればよいのである[6]。第5章冒頭のマーストン、ランカスター、ハルストン、ウルナーの事例は、まさにこうした観点から理解できる。

私たちはここでバーンハイムの主張[7]を、行動経済学の知見は「手段パターナリズム」を正当化するものの、必ずしも「目的パターナリズム」には至らない、という見方と結びつけることができる[8]。基本的な考え方は、人は自分の目的地にどうすれば到達できるかを間違えることがある、ということだ。この見方によれば、行動科学の情報に基づいた介入は誘導性を高める。GPS装置は手段パターナリズムの一形態であり、運転者が行きたい場所を特定できる（そして、そこに着くのに役立つ）。初期設定ルールは、プログラムに自動的に人を登録するが、（ほとんどの）人がそのプログラムへの登録を好む（が、惰性のせいで登録しない）[*9]と考えられる場合、パターナリズム的な手段とみなせる。栄養表示は、自分の目的をどうやって促進するかについての自分自身の選択能力を向上させる場合、手段パターナリズムの一形態とみなせる。[*10]

ある種の手段パターナリズムを実現するような、誘導性を高める多くの試みにおいては選択の自由が保たれているし、ミルの危害原理ともおおまかには両立すると見ることができる。[*11] しかし、そうでないものもある。トランス脂肪の禁止は、少なくとも禁止が人々の健康という目的に適合し、それを損なわないことが明確であるならば、手段パターナリズムの一形態とみなせる。[*12] 労働安全の要件は、それが防ごうとしているリスクを犯してもかまわないと考えるような、非現実的なまでに楽観的な労働者の選択をひっくり返すものだとしても、同様の観点で見ることができる。[*13] 行動科学研究によって人々のミスが判明したならば、行動市場の失敗が起きている、ということを思い出そう。そう言えるのは、おそらく何かはっきりした行動バイアスのせいで人々の判断が厚生のいくらかの損失につながるという意味である。[*14] 行動科学的な「法と経済学」の多くは、その問題に焦点を当てている。[*15] 法律や政策の目的のために引き合いに出されるように、行動市場の失敗には一般的に手段パターナリズムが関わっている。[*16] 根本的な問題を考えるため、バーンハイムの用語法を用いて間接的判断と直接的判断を区別してみよう。

この区別に意味はあるのだろうか。どれぐらい役に立つのだろうか。はっきりと誤っているはっきりとした間接的判断を対象とし、それによって人々の自分自身の目的を尊重する限り、不当なパターナリズムの問題は解決されるように思われる。しかし通常の実践で、法律や政策に携わる者が直接的判断を対象とするのはいつなのか。最初の問題として、ノーマが梨よりもりんごを好むとき、そこに間接的判断も関わっているかどうかを問うのは自然である。りんごはよいものだが、だからといって「最終的な目的、つまり人々がそれ自体を気にかけるような結果」である、という結論を正当化するのは難しいだろう（友情は本質的な善で、りんごはそれほどでもないかもしれない）。ノーマがりんごを梨よりも好きなのはおそらく、りんごのほうがおいしいとか、健康によいと思っているからなのだろう。しかしもしかしたら、そのノーマの見立てのどちらかは（または両方が）誤っているかもしれない。言い換えれば、ノーマのりんごの好みはそれ自体が間接的判断なのであり、行動バイアスのせいでまるっきり間違うかもしれないのである。

これまで見てきたように、不健康な食生活[*17]、貯蓄不足[*18]、オンラインでの「ダークパターン」[*19]への政策対応など、政策への応用例は数え切れないほどある。バーンハイムはこの点に注意を喚起し、次のように述べる。

さて、ここでひねりを加えてみよう。ノーマの最終的な目的が、ある種の精神状態（「内面的な善」）を達成することだとする。その観点からすると、すべての消費品目（「外面的な善」）は目的に対する手段であり、その中からの選択はつねに間接的判断をともなう。また、まさにノーマが箱の中身を見誤ったように、消費財と精神状態がどのような関係にあるかを見誤ることもある。**しかしノーマが、りんご、梨、バナナについて十分に知っており、それぞれを食べることの結果を理解していると想定するならば、蓋が開けられた箱についての間接的判断は正しい情報に基づき、したがって彼女の直接的判断を忠実に反映するだろう。**[*20]

ここで適切に追加されているのは、単なる「ひねり」ではない。それは行動科学の情報に基づいた法律や政策にとって、また行動厚生経済学にとって根本的なものである。ノーマはおそらく内的な精神状態に**だけ**関心があるわけではない（価格、健康、道徳も気にするかもしれない）。これから見ていくように、このことは厚生の快楽主義的な説明と衝突するというのが重要な点である。しかし食品の選択となると、ノーマはほぼ確実に精神状態を気にかける。消費の選択は一般的には目的に対する手段だが、その意味で一般的に間接的判断をともなうのである。

さらにいうと、十分に知っているという想定が維持できるとも限らない。多くの選択肢があるとき、人はそれぞれについて「その帰結を理解するほどには」十分に知っておらず、また知ていたとしても、現在バイアスのような行動バイアスに悩まされるかもしれない。喫煙がその例である。[*21] この観点からすると、ノーマのりんごの選択がノーマ自身の厚生にとってよい尺度となるためには、ノーマが情報を得ている（「十分に知っている」）だけでなく、そうしたバイアスからも解放されていなければならない、と付け加えるべきであろう。前提1（89頁）は行動厚生経済学を法律や政策への応用へと方向付けるために作られたが、ミルを修正した、次のような訂正バージョンの作業仮説であれば私たちも採用できるかもしれない。

作業仮説：十分に情報を得ており、かつ、さまざまな行動バイアスから十分に逃れられている限りで、私たちは自分自身の幸福度を最もよく判断できる者であると、外部者からみなされるべきである。

この作業仮説はバーンハイムのアプローチと同様、厚生分析のための選択志向の方法を構築しようとする試みだが、二つの理由によってさらに慎重になっている。第一に、これはあくまでも仮説（＝推定）である。第二に、これは直接的／間接的判断、手段／目的の区別にはまったく依存していないが、その適用場面では通常、手段パターナリズムのための介入を支持する可能性が高いことはたしかである。[*22] また、断定的な「である」と区別した、「外部者からみなされるべきである」という言葉にも注意してほしい。

もちろん、作業仮説をどのように運用するかという問題もある。厚生を対象とするのであれば、人が実際に十分な情報を得ているときにどのような選択をするのかを調べることが有益だろう。つまり、注意力不足に悩まされておらず、ある選択肢の重要な面のすべてを評価できる状態にあるかどうかを見るのである。そのために用いるのは、惰性の産物かもしれない受動的選択ではなく、能動的選択である。また、現在バイアスや楽観バイアスのかかった選択ではなく、事実を現実的に理解したうえでの長期的な将来を見据えた選択である。[*23] こうした考えは、情報不足や行動バイアスを認識し、重視する一方で、私的な選択を尊重する。これは広い意味でミル主義的な理解に依拠した試みとみなしうる。[*24] これによって、貯蓄行動、エネルギー効率の高い製品に関する意思決定、高カロリー／低カロリー食品の選択といった領域で、行動厚生経済学を規律するやり方が示せるかもしれない。[*25]

それとは対照的に、バーンハイムの目的の一つは、直接的判断の尊重という主張である。ついさっき述べた作業仮説に代えて、バーンハイムは二つの前提を採用するように主張している。[*26]

前提Ａ：直接的判断と、正しい情報に基づいた間接的判断のどちらかに関わる事柄については、私たち各自が、自身の幸福度を最もよく判定できる。

前提Ｂ：私たちは選択するとき、自身の幸福度を最も促進すると自分が判断する選択肢を選ぶことによって自身の利益を追求する。

前提Aを擁護するバーンハイムの主張によると、既存の経済学研究では「人々の直接的判断が不十分だというエビデンスが示されていない。たとえば、人々が特定の善や経験を「過剰に」好み、他のことについて「不十分」だといったことである[*27]」。彼の主張によれば逆に、「直接的判断に対してなされることのある異議申立ては、何がよい人生、充実した人生につながるかについて、分析者と消費者で意見が異なっているだけのことである」。

意見の相違

結論は正しいかもしれないが、バーンハイムの主張は言葉が強い。私の見方からすれば、二つの異なった理由で強すぎる。第一に、人間の生がうまくいくために何が必要かについて、人が本当に誤りを犯す可能性を無視している。それは分析者と消費者の単なる意見の相違によるのではなく、人間の生がうまくいくとはどういうことかについての、何らかの理にかなった判断から結論が導かれるからである[*28]。第二に、厚生について、いまだ論争が続いている哲学的争点に依拠している（後で取り上げる点である）。第三に、二つのまったく異なる問題の区別がなされていない。（a）人は手に入れる前のものを自分が好むことになるかどうか知っているか。

（b）人々は何かを持っているとき、自分が何を好むかを知っているのか。二番目の問いの答えは通常「はい」だと思うとしても、それに答えたことにはならない。

ほかのところでも基本的な主張を繰り返しながら、バーンハイムとタウビンスキーは「したがって、直接的判断に有利な推定を覆し、分析者の視点が優れていると宣言するのに足りる客観的な根拠はない」[*29]と付け加えている。しかし、根本にある問題はそれ以上に複雑である。たしかに、分析者と選択者の間に「意見の相違」があるだけならば、当然ながら、分析者の見解を支持するための「客観的な根拠」があるわけではない。しかし、分析者が現実のデータを持っていて、直接的判断が厚生の大きな損失を生むと考えているならばどうだろうか[*30]。人々が好みそうなものについての情報を分析者が持っていて、その情報が事前の予測の誤りを示唆していたらどうだろうか。分析者が単に「意見」でなく、何がよい人生、充実した人生につながるかについての説明をも持っている場合はどうだろうか[*31]。

第7章　理論と実践

Theory and Practice

本章では三つ、一般的な主張をする。第一の主張は、行動科学的な情報に基づく法律や政策にとって間接的判断、つまり手段に関する判断は、まさに法定通貨のような媒介物であるということだ。惰性、現在バイアス、非現実的なまでの楽観主義、確率の無視、注意力の不足について述べるときにはほとんどいつも、人の自分自身の目的を裏切るような判断や意思決定を扱っている。[*1]そして、初期設定ルール、情報開示、リマインダー、警告、社会規範の使用について述べるときにはほとんどいつも、人が自分自身の目的を達成するためによりよい手段を選択するように後押しする試みを扱っているのである。行動厚生経済学は一般に間接的判断を扱うのであり、そこにパターナリズムが含まれるのであれば、それは手段パターナリズムということになる。[*2]

第二の主張は、行動厚生経済学は、直接的判断については標準的な厚生経済学と同様、控えめに考えていくべきであるということだ。経験的な理由と規範的な理由がある。十分な情報を持った選択者が自分自身の厚生の最もよい決定者であるという主張は、厚生の理念そのものをどう考えるかについての一つの立場をとっており、それには反対意見もある。リベラルな伝統では、自律と厚生についての昔からの理念によって、この主張のような作業仮説が強く支持されてきた。しかしこの仮説を受け入れるのは、どういう立場を取っているのかを理解したうえで慎重になされるべきである。

最も野心的な第三の主張は、厚生の適切な理解に関わっている。あえて単純化していえば、哲学界の三つの主要な理論（選好、主観的幸福、客観的善に根ざしたもの）のそれぞれが深刻な困難に直面するということだ。これまで見てきたように、人々の選好は、何を選択すべきかについての事前の判断として捉えられるが、それは必ずしも自身の厚生を促進するとは限らない。単純に、十分な情報を得ていなかったり、何らかの行動バイアスに陥っているかもしれないからである。[*3]

他方、厚生をただ純粋に快楽主義的な観点から理解すべきでもない。人々はたとえ結果としてさらに悲惨になったり、恐怖を感じたり、不安になったりするとしても、より有意義な人生を送るほうを選ぶことがある。幸福であること、不安がないことだけでなく、有意義なことをもっぱら気にかけることもあるのだ。たとえば誰かほかの人、特に弱い人を助けたいと思ったり、科学や知識に貢献したいと思ったりする。価値があると思えること、深い自我につながるようなことをしたいと考えることもあれば、たとえその結果さらに苦しい思いをするとしても、よりよいと思える人生を選ぶこともある。こうしたことは、幸福についての客観的な善の理論へと向かわせるように理解されることもある。そうした理論には、特定の領域を超えた魅力が十分にある。しかしその一方、ジョンにとってよいことはジェーンにとってよくないかもしれない。客観的な善の理論は、人々の異質性を考慮に入れるのに苦労している（ように私には思える）。

先にざっと述べた作業仮説（101頁）は、深遠な哲学的問題について何か特定の立場を取るものではない。私としては、それが完全には理論化されていない合意の結果であることを望んでいる。しかし、私はそうした哲学的問題と結びつけながら作業仮説を提示し、実践的な根拠による魅力を示すように試みる。複雑な話を単純にしよう。この作業仮説では、選好ベースによる厚生の説明では人が情報不足や行動バイアスに悩まされうることを認めなければならない、という理解が表現されている。純粋に快楽主義的な厚生の説明、あるいは快楽と苦痛、主観的幸福に焦点を当てる説明では、思慮分別のある人が思慮分別を保ったままに自分自身の快楽と苦痛、気分、主観的幸福、そして経験さえも超えた何かを気にかけるという事実を逃してしまうことも、この作業仮説は認める。人は有意義な生を送りたいと思うこともあると思い出してほしい。この作業仮説は、客観的な善による厚生の説明には慎重であるが、それは、思慮分別のある人々が選ぶ生はすぐれて多様であるものの、そのなかには客観的に悪かったり、人々にとって何が重要かについての、理にかなった、いかなる説明からしても悪いといえる生がありうる、という可能性を残している。[*4]

あらゆるところに間接的判断が

行動経済学が法律や政策に応用されるときはほとんど全部、間接的判断に関わっている。[*5][*6] また、行動経済学の研究の大部分もそうした判断に関わる。[*7] たとえばトヨタRAV4とトヨタRAV4ハイブリッドを比較して前者を選ぶときのように、ある製品を他の製品と比較して選択することはほぼ確実に、多くの補助的な判断の結果である。たとえば好みの車の外観、乗り心地、安心感、大きさ、収納スペース、購入価格、運転コストの予測、ガソリンスタンドに行って給油しなければならない頻度、などがある。ここでの直接的判断は何だろうか？

スーザンという顧客が何か明らかな誤りを犯したとしよう。小さめの車がほしいと思っているが、ハイブリッドモデルは大きい車だと誤って思い込んでいたなど。これは誤った箱を選んだノーマと同様であると考えるべきだろう。しかし、スーザンの誤りがもっと微妙な場合を想定しよう。燃費のことはあまり気にせず、お金を多く節約するためにRAV4ハイブリッドを選ぶつもりだったが、現在バイアスのせいでその反対の決定をしてしまった、など。[*8] 他の考慮要素（流動性の制約など）を持ち出さない限り、スーザンは誤りを犯したのである。この場合、スーザンは自分自身の幸福の最善の判断者ではなかった。関連情報をはっきりと開示するなど、何らかの介入が必要であったように思われる（情報開示が現在バイアスを克服するのにうまくいくかどうかは別として）。

スーザンは二種類の車について、どちらか一方を選ぶことの「結果を理解できるほどの」「十分な「なじみ」」がなかったというべきだろう。だから、二種類の車の間でのスーザンの間接的判断は「正しい情報に基づいていなかった。したがって自身の直接的判断を正確に反映するものではなかった」。たしかにそうだろう。しかし、だとすると、法律や公共政策にとって真正な、あるいは現実的な関心がある場合に、個人の判断を尊重するという理念の余地は一体どれぐらい残っているだろうか。[*9] 人がおそらくほかの誰よりもすぐれた間接的選択者であるような状況はたくさんあるが、情報が不足していたり行動バイアスがかかっていたりすると、その間接的選択は信用できなくなる。どのような選択がそうしたカテゴリーに該当するのかは経験的な問題である。

視野を広げるために、どれだけ多くの法律や規制が外部性をともなうか、それによって、この厚生分析の大部分が、実のところ行動経済学に頼る必要のない従来型になることを考えてみよう。たとえば、燃費規制はコストを課しているが、計算可能である（それは小売価格が高くなることでだいたい消費者に課される）。[*10] こうした規制はまた、温室効果ガスの排出のような大気汚染も減らす。[*11] ここで収益化するにはさらなる困難があるが、標準的な手段は利用可能である。この程度までであれば、厚生分析もなじみがあるはずだ。[*12] はっきりと行動科学的といえる要素は、経済的節約（ガソリン使用量の削減による）や時間的節約（ガソリンスタンドに行く回数の減少による）[*13] を十分に考慮していない消費者側のミスによっている。行動科学的な理由によって消費者は実際に誤りを犯している可能性がある以上、たとえ燃費向上の義務化がその選択をくつがえすとしても、それによって多くの利益を得ることになる。[*14]

もちろん、消費者はお好みであれば低燃費車を選ぶことができる。選ばないとすれば、燃費の悪い車のほうが小さいとか馬力が弱いとか、そのほかの別の要素で劣っているからかもしれない。行動科学的な問題は、消費者が燃費を軽視するのは、たとえば現在バイアス、近視眼的な損失回避、注意力不足といった理由によるのか、それとも、燃費を考慮してはいるものの、他の考慮要素をもっと重視するに至ったのか、ということである。行動科学の直感によるならば現在バイアスや注意力不足が原因だが、直感ではエビデンスにならない。行動厚生経済学は、その直感を慎重に精査し、エビデンスによって実際に示される範囲で消費者の節約を考慮に入れるだろう。それは実際のところ、エネルギー効率要件や燃費規制に関わる、現代の規制政策における中心的で、決定的でさえある問題である。[*15]

直接的判断の定義

直接的判断はどうだろうか。尊重に値するのだろうか。値するとして、それはいつなのか。こうした問題の解決に向けて進めるためには、どうすれば直接的判断を特定できるかを知らなければならない。つまり、抽象度の問題と呼ばれるものを解決する必要がある。ノーマの場合に戻ろう。ノーマは赤い箱よりも黄色い箱を好んだ。黄色い箱にはりんごが入っていると思ったからである。ノーマは梨ではなくりんごが欲しいのだから、これは一見したところ間接的判断である。しかし、ノーマが欲しているのは、いまいちなおやつではなく、よいおやつである、と言うこともできる（正確には、何がおやつをよくするのかという問題を脇に置いているが）。あるいは、ノーマが欲しているのは、よい午後、よい日、よい年、よい人生であり、よいおやつを選ぶことは、そのどれかにとっての手段である、と言うこともできる。

直接的判断が抽象度の最も高いレベルで記述されているとしよう。たとえば、よい人生を送ること（それが何を意味するかは特定せず、適切に定義されたよい人生は本質的によいものであると仮定する）。この場合、現実世界でなされるほとんどすべての判断は、よい人生を得るためのやり方を意味するという点で間接的判断である。問題は、直接的判断が抽象度の最も高いレベルで記述され、その判断を尊重しなければならないと主張される場合、部外者（規制者を含む）がその主張を受け入れたとしても、あまり制約を受けないということである。なぜなら、直接的判断が抽象度の最も高いレベルで捉えられる限り、つねに、あるいはほとんど、部外者（規制当局を含む）が扱うのは間接的判断だからである。

直接的判断をより低い抽象度で捉えることもできる。選択者はどんな一日を過ごしたいか、どんな人生を送りたいかを判断する。たとえ体重が増えるにしても、ダイエット飲料よりも高カロリーで糖分の多い炭酸飲料を、サラダよりもピザを好むかもしれない。バスケットボールは好きだが、サッカーは好きではないかもしれない。家庭生活に専念したいかもしれない。何かの目標に打ち込みたいと思っているかもしれない。芸術やスポーツを追い求めたいと思うかもしれない。結婚したいかもしれないし、したくないかもしれない。大酒を飲んで酔っぱらいたいかもしれない。健康と長寿を多少犠牲にしてでも、エキサイティングな、リスクあふれる生活を送りたいと思うかもしれない。あるいは、地球上で生きられる年数を延ばすため、リスクのない安定した生活を送りたいのかもしれない。結果として生じる判断のうち、どれが直接的で、どれが間接的だろうか。さらに根本的には、こうした判断が誤っていると示すものは行動科学の中に何かあるのだろうか。

　この問題に答えるのは簡単なことではない。人は状況によっては劣った医療プランを選びさえするということ、自身の関心の全体を踏まえたうえで何か悪い食べ物を選びもするということ[*16]、経済的に得をするにもかかわらず燃費のいい車を買わないということ……[*17]、こうしたことの主張と、人々が誤った種類の日々や生活を選択しているのだという主張は、まったく別のことだ。行動経済学者は、この問題について何か言えることがあるだろうか。もしあるとすれば、それは経験的な理由によるかもしれないし、そこでの問題には手段だけでなく目的も関わっているかもしれない[*18]。第3章で見たように、行動科学の研究では「快楽主義的予測の誤り」が指摘されている。それは人が自分自身の主観的幸福について、帰結や選択肢の効果の予測を誤るときに起こる[*19]。

　「快楽主義的予測」という考え方は少し狭いので、人が「厚生予測ミス」をしていないか、つまり、何が自分の厚生を高めるかについて間違った判断をしていないか、を問題にすることも見てきた。人は結婚すれば人生がよくなると思っているかもしれないが、間違っているかもしれない。そうだとすると、その判断は間接的だったと言いたくなる。そして抽象度のレベルの問題に戻ることになる。そして、もし人々が誤った選択をしているのであれば、単に論理的な問題として、おそらく情報不足や行動バイアスのせいであるに違いない。しかし、その原因は特定できないかもしれないし、行動バイアスの標準的なカタログに入っていないこともある。[*20]

第8章　厚生

Welfare

最大の問題はもちろん、厚生をどのように定義するかである。すでに述べたように、哲学の議論では、選好ベース、快楽主義、客観的な善の三つの異なる理論に区別されている。[*1] 経済学者は選好ベースの理論に惹かれる。これまで見てきたように、経済学者は多くの場合、配分効率や何らかのコスト・ベネフィット分析の観点から議論し、パレート改善の可能性を探る。勝者は敗者が失うよりも多くの利益を得るのか。原理的に、勝者が敗者に金を払い、そのうえでいくらかの余剰を残すことができるのか。配分効率の問題に答えるため、経済学者は「支払い意欲」の観点から議論することが多い。人々はリスクを減らすためにどれぐらい支払うだろうか。配分効率を評価するときに行動科学の知見をどのように考慮するかについては、新しい研究が出てきている。[*2]

しかし、広い意味での厚生が重要であり、選好の尊重が厚生の損失につながるのであれば、そうした理論は現実的な問題を抱える。この問題のせいで、もし主観的な幸福を強調する快楽主義理論が導かれるのであれば、予測の誤りという考えの理解が大きく進歩するだろう。人はカリフォルニアに住むほうが幸せになれると考え、引っ越すかもしれないが、しかしまったく幸せになれないこともある。[*3][*4] 自分の現在の個人的状況から離れたならば不幸せになるだろうと人は考えるかもしれないが、その点ではまったく誤ることも起こってしまうのである。

人々が気にかけること

快楽主義理論を受け入れるべきなのか。そうすべきだと考える人も多い。しかし、この理論には深刻な限界がある。すでにいくつか注意喚起してきたが、さらに具体的な事例を考えてみよう。

1　ジョンは公務員の仕事に熱心に取り組んでいる。世界をよりよくしたいと考えているのだ。ジョンは長時間にわたって働いているが、特に楽しいということもない。毎日たいした楽しみがあるわけでもない。しかし、ほかのことをしたいと思っているわけでもない。

2　メアリーはプロのテニス選手である。人生のほとんどを捧げてプレーしてきた。メアリーにとって、テニスはあまり楽しくない。しかし、さらなる高みを追い求めている。自分がどれぐらい強くなれるのかを見定めることが目標だ。

3　フランシスは弁護士である。仕事はよくできる。一所懸命さもある。勝つことが好きで、やりがいを感じている。しかし、同時にストレスだとも思っており、これといって幸せでもない。

こうした事例は、当たり前の事実を示している。人は自身の快楽の状態とはまた別の何かを気にかけるということだ。もちろん、主観的な幸福度を、快楽を超えるさまざまな価値を含めて理解することはできる。人が気にかけるものをあげれば、たとえば、意義、善、献身、卓越といった感覚が入るだろう。しかし、そうした場合、**人々の経験の質**について本当に語っているのかどうかは明らかでない。経験の質というのは多くの場合、主観的幸福を意味する。しかし、人はそういった質とはまた別のことを気にかけるのである。意義のあること、卓越していることを気にかけるのはそれ自体が目的であって、自分の経験の質に影響するからではないかもしれない。自分の経験を向上させるのではなく、もっと価値があったり、有意義であるような人生のためになる選択肢を選ぶこともある（もちろん、価値のある人生、有意義な人生が、人々の経験に有益な影響をもたらすことがあるのもたしかである）。

経験が改善されるかどうかにかかわりなく、人々が価値を感じるものをすべて考慮に入れていると主張できる選好ベースの理論に、経済学者を含む多くの人々が惹かれるのはそのためである。本書ではこれまで、情報不足や行動バイアスに直面した人が何を気にかけるかという点において選好がひどく間違いやすいことを見てきた。しかしこのことは、選好ベースの説明に対する、十分に前向きな修正として捉えられる。結局のところこの説明は（十分に情報を得た、汚染されていない）選好に対し、尊重を与えている。選好ベースの説明が抱える問題には、これまで見てきたように、行動バイアスにほとんど注意を払わないということがある。この問題はもしかしたら、邪魔なものをうまく取り除くことで処理できるかもしれない。しかし、また別の問題がある。この説明には、ほとんどすべての人にとっての、よい人間生活とは何かということが無視されてしまうリスクがある。だとすると、私たちは客観的な善による説明に引き寄せられるかもしれない。

そうした説明は多くの形をとる。それらはすべて、多数の経済学者を含む多くの人々が持っているような、人々の選好が何らかの尊重に値するという見解を疑うことになるだろう。哲学者には「完成主義（卓越主義）」と呼ばれるものを支持する者も多く、ある種の生は他の生よりも端的に優れていると主張する。[*5][*6] リベラルの中にも完成主義者がいて、独特に捉えられた自由に最高の地位が与えられている。[*7] アリストテレス主義的な完成主義もあり、そこではアリストテレスのいう機能（働き）[*8] の概念と、人間が真に人間であるとはどういうことかということの理解を強調している。マルクスも完成主義者であった。[*9] 完成主義には宗教的な基盤を持った形もある。トマス・アクィナスを考えればよい。

自律（カント由来）や厚生（ミル由来）のいずれかを根拠として、完成主義を拒絶したいと思われるかもしれない。[*10] しかしこれは控えめにいっても複雑な規範的問題であり、行動科学、標準的な経済学、行動経済学に解決できるような装備はない。しかし、選好が不正義やひどい剥奪に適応した結果である［適応的選好形成の］場合には、尊重には値しないとするのが理にかなっていると思われる。[*11] 言い換えれば、選好の中には資格のないものもあるのだ。これは膨大な文献のあるトピックである。[*12] また、人々の選好が客観的に見て悲惨な人生を送ることにつながる場合には、何かが間違っているとするのも妥当だと思われる。客観的に見て悲惨な人生とは、苦痛に満ちていたり、残酷であったり、短かかったりするかもしれない。そうした生を選ぶ人はほぼ間違いなく、情報不足や行動バイアスに陥っているといえる。しかし、そうでないこともある。自分の人生を苦痛に満ちた、残酷な、短くするようなものを好む人々もいるだろう。そのような場合には、客観的な善の説明のほうに説得力がある。

ここで私は何らかの深遠な問題に答えを出そうとはしていない。私の主な目的は、それが何かを特定することだ。ジョン・ロールズが未発表の原稿で書いたように、「私たちが示すのは道標である。深く考える必要はない。状況はすでに十分に悪化しているのだから」。広範な選択肢を前に、十分な情報に基づいた、バイアスのない選好は**一般的に**いって尊重に値する。それは参照可能なもののうち、人々が実際に気にかけていることを最もよく反映しているからである。そう述べることには実践的な意味がある。そして重要な留保は、人の選好が自分自身の生を（自身の観点から見て）あまりうまくいかない方向に導いてしまうときに生じる。人が自分の厚生を気にかけているときに、その選択が自分の厚生を損なってしまうのであれば、そこには何か問題がある。[*13] また別の留保が生じるのは、人の選好が、理にかなった、いかなる説明によっても客観的に悪い生になるような方向につながる場合である。客観的によい人生、または悪くはないという人生の範囲は（私の見方では）きわめて広いので、このような留保を持ち込むことには十分に慎重でなければならない。こうしたことは、作業仮説についての完全には理論化されていない合意を支持するのに十分であると私は信じている。それは最大の問題についていて困っていたり、意見の一致がない場合であってもそれを受け入れようとする意思の形をとる。

第9章　自由

Freedom

人間の厚生を考えるとき、ナッジにはほかのアプローチにない大きな利点がある。リバタリアン・パターナリストは自分の道を行こうとする人に物質的なコストを課さないので、このアプローチは、命令や禁止に対してなされるような（理にかなった）反対意見に対して強いのである。ナッジの人気の高まりは、この点への合意が強まっていることの証である。にもかかわらず、ナッジはあまりにも介入的であり、深刻なリスクを生み出すと考える人たちもいる。[*1] そうした反対意見に完全に応答するには何ページも必要になるが。[*2] ここでは軽く触れるにとどめよう。

透明性と操作

義務付けや命令は目に見えやすいので、政府の責任も問われやすくなる。公職者が燃費の向上を要求したり、冷蔵庫にエネルギー効率の要件を課したり、ヘルメットなしでバイクに乗ることを禁止したり、シートベルトを締めることを要求しても、何も不思議なことはない。隠されてもいなければ秘密でもない。こうした禁止措置は、受け入れ可能であったり、そうでなかったりするが、陰湿さという独特の悪徳はない。誰も混乱させられたり、騙されることがない。政府は自身の行動を公的に擁護することが求められるが、その擁護が弱いと思われてしまうと、計画案も崩れ去ってしまうかもしれない。この点でナッジがそれほどうまくいかないと考える人もいる。[*3] ナッジには人を操作しているように見えるものもあるからだ。グリーザーはそうした操作に反対する。

ハードなパターナリズムはだいたい、予見可能な手段を用いる。国民は罪悪税［酒、タバコ、ギャンブルなどへの税］の大きさを確認できるし、有権者はどんな活動が違法化されてきたかを知ることができる。政府によるハードなパターナリズム政策の実行がどこまで許されるかについては、事前にルールを設定できる。他方、ソフトなパターナリズムが効果的であるためには、状況に応じてメッセージの言い方を工夫しなければならない。これは、ソフトなパターナリズムのコントロールが本質的に困難であり、少なくともそのため、ハードなパターナリズムよりも濫用されやすいということを意味している。

ベストな対応はシンプルである。何も隠されてはならず、すべて透明であるべき、ということだ。[*4] 透明性は特に、ナッジにあたっての権利章典の一部でなければならない。[*5] ナッジは可視化され、精査され、監視されるべきなのである。本書で論じてきた取り組みをいくつか考えてみよう。貯蓄、健康保険、学校給食プランへの自動登録、食品ピラミッド型表示から仕切り皿の絵への置き換え、燃費ラベルの改定、製品の特定の属性を目立つようにする試み、社会規範の利用……、こうした取り組みはすべて目に見え、公開されており、はっきり観察できる。どれも国民によって批判的にチェックされる対象であったし、現在もそうである。「コントロールが本質的に難しい」ものは何もない。そうすると何が問題なのだろうか。

簡単に逆行できる

ナッジは命令や禁止とは異なる、ということをここまで見てきた。人々の選択に課す物質的コストがきわめて低い、あるいはそれがない、という点でそういえる。そうしたコストがないので、ナッジは一度行ったとしても簡単に逆行、つまり従わなかったり、元に戻したりできるように思われる。それはナッジの強力なポイントだ（ここでは、ナッジされる側にとって簡単に逆行できることを述べている。もちろん、選択アーキテクトによってナッジが実装されたとき、簡単に逆行できることもあればそうでないこともあるのはたしかである）。

たとえば、警告されても個人の選択は押しのけられない。警告はもちろん中立的ではなく、方向付けを狙ってはいるが、嫌ならば無視できる。自動車運転中のスマホ操作、結婚前のセックス、性に基づく差別、ギャンブルなどをやめさせようとする警告を想像するのは簡単だし、実際にある。しかしどんなに強い警告であっても、無視できるのである。カフェテリアや食料品店の経営者は、果物や野菜を手前に置き、タバコや、脂肪分の多い食べ物を奥に置いたりできる。しかしその場合でも、人々はいつでも奥に手を伸ばせる。貯蓄や健康保険プラン、プライバシー・ポリシーなどへの自動加入を手助けする初期設定ルールは、結果に大きな影響を与える。それは多くの人にとっては決定的に重要かもしれない。しかし、いつでも脱退（オプトアウト）できるのである。

こうしたことは、ナッジが用いられている限り、パターナリズムについて、とりわけ権威や権力の濫用について何も心配する必要がないということを意味するのだろうか。それはあまりに単純すぎるだろう。ナッジに背くことが理論的には簡単であったとしても、現実にはそうでないかもしれない。システム1の力のせいもあって、ナッジが決定的になることもある。もちろん、誰でも店の奥にあるチョコレートキャンディーやタバコを探すことができるし、健康保険からも脱退できる（たぶん簡単なクリック一回で）。しかし、惰性の力のせいで、多くの人はそうしないだろう。簡単に元に戻せるという考えは、こうした状況では単なるレトリック、さらには騙しにさえ見えるかもしれない。元に戻せるのが安心になるのはたしかだが、それはナッジする側の悪意や誤りの可能性を懸念している人にとって現実的な応答ではない。

元に戻せることによって、あらゆるリスクを取り除けるというのは間違っているだろう。ぼったくりのような貯蓄プラン（手数料が高く、リスク分散がほとんどない）や、不当に高額な健康保険に初期設定された場合、選択すれば自分の好きなようにできる、と言うだけでは十分でない。たとえばあるウェブサイトに、ネット上のすべての行動履歴の追跡を許可するようなプライバシー・ポリシーがあったとする。そこからオプトアウトできるとされていても、あなたは「うん、何でもいいよ」と初期設定のままにしてしまうかもしれない。人は簡単にオプトアウトできるときでもそうしないという事実を考えるならば、政府が腐敗していたり悪意を持っていたりする場合、人々をお望みの方向へと容易に誘導できてしまうのである。政府が誤る可能性の高さと、（政府からの影響を受けていない）私人による選択の確かさについてきわめて強い想定をするのであれば、私たちは公権力によるナッジに警戒感を強めるだろう。少なくともそれが不可欠な場合でない限り。

しかし選択の自由が維持されるのであれば、ナッジは命令や禁止よりも介入的でなく危険性も低いことはたしかである。たとえ、惰性と先延ばしの力が強くない場合と比べて人々がその自由を行使することが少なくなったとしてもそういえる。悪い初期設定に直面したとき、実際には多くの人がオプトアウトするということも強調すべきだ。たとえばイギリスの研究では、異常に高い初期拠出率（税引前所得の一二％）の貯蓄プランをほとんどの人が拒否していることがわかった。[*6] 一年後もその高い初期拠出率のままにしていた従業員は約二五％だけであり、約六〇％の従業員は低い初期拠出率に設定していた。同じように、アメリカの貯蓄債券に税金還付の一部を配分するという初期設定に、労働者がさほど関心を示さなかったという結果もある。おそらく還付金を使う明確な計画を持っていたためである。[*7]

一般的にいえる教訓は、当該母集団が特定の結果を強く選好している場合には、初期設定ルールは効果が弱いか、まったくないかもしれないということである。ナッジは失敗することもあるし、それはよい知らせだろう。だからこそ、選択の自由は本当の意味での安全装置である。オプトアウトの自由が万能薬でないことはすでに十分にわかっているが、それでもきわめて重要なのである。

押しすぎ

反対の方向からの懐疑論者もいる。それによると、ナッジは不十分である。人は誤りを犯すので、命令は望ましく、必要なことなのだ。[*8] 数十年にわたる行動科学の研究は一方で、選択者が誤りを犯す可能性があることを示してきた。それを考えると、次のように問われるかもしれない。行動科学の情報に基づいた介入の主たるものが、選択をそこまで強く重んじることは皮肉ではないのか、あるいはもっと悪いことではないか、と。[*9] 人々が誤りを犯す可能性があることを知っているにもかかわらず、行動科学の情報を持っている規制当局はなぜ、選択の自由を強調しなければならないのか。

適切に定義された社会厚生を命令によって増進できる場合には、そのこと自体が強い支持根拠になるということは正しい。それが試金石である（命令にとってだけでなく、ナッジにとっても）。ナッジが凶悪犯罪の問題を解決できると信じている人はいない。標準的な市場の失敗があるとき、命令には標準的な正当化理由がある。大気汚染の問題を考えてみよう。非現実的な楽観主義、注意力不足、自制心の問題に苦しみ、その結果として厚生の深刻な損失が生じる場合には、何らかの公的対応を必要とする根拠がある。その対応は、補助金、税金、禁止といった形をとるかもしれない。[*10] 最善のアプローチが命令や禁止である場合を考えることはたしかに可能である。なぜなら、社会厚生という観点からすれば、そうした対応はナッジを含むどんな他の選択肢よりも好ましいからである。これまで見てきたように、補助金、税金、禁止を支持する最大の根拠は本質的に行動科学的なものかもしれない。[*11]

それにもかかわらず、社会厚生の向上が目標であるとき、ナッジには重要な利点があり、多くの場合に最善のアプローチであると考える理由もたくさんある。選択に問題があることを強調するのであれば選択の重要性を強調すべきでない、というのは一種のレトリックでしかない。たとえば人が惰性に陥って、そのせいで重要なプログラムや給付金に加入しない、ということがあるのはわかるはずだ。しかし、初期設定ルールで惰性を克服できる場合、それでもオプトアウトを選択した人々は相応の理由があってそうしているのだろう、と考えるのは皮肉でも逆説でもない。

より一般的には、ナッジは高いコストをかけることなく大きな利益をもたらすこともあるし、さらにいえば、その実質的な利益がほかの代わりのアプローチよりも大きいこともある。特に重要なのは次の五点である。

第一に、人々の間に異質性があるとき、ナッジは少なくとも命令や禁止よりも好ましいという意味で重要である。人が自分で決められるようにすることによって、ナッジは、命令が課してしまいがちな、汎用的な《フリーサイズの》解決策におそらく結びついている高いコストを減らすことができる。もちろん、初期設定ルールのようなナッジがもたらす効果にはネガティブなものもあればポジティブなものもあり、ばらつきがあることもたしかである。[*12] このことは、より特定個人化《パーソナライズ》されたターゲットを絞ったナッジが支持される点である。異なっている点は、ナッジは命令よりも柔軟であるということだ。

第二に、ナッジの支持者は、公職者が限られた情報しか持っていないために誤りを犯すことがあるという重要な事実（知識問題）に警戒感を持っている。もし、ナッジが誤りに基づくものであるときには、ナッジは無視されたり、退けられたりするので、命令の場合よりも損害が小さくなるだろう。第三に、ナッジは、公職者は組織力の強い民間団体の影響を不当に受けるかもしれないという事実（公共選択問題）に対応している。そういったとき、人が自分で決められるということは、少なくとも命令と比べて重要な保護手段となる。第四に、ナッジには、人が選択する能力を奪われたときに経験することになる厚生の損失を回避するという利点がある。場合によっては、その損失は深刻な結果になるかもしれない。第五に、ナッジは、選択の自由が本質的な善であると捉えられること、そして実際そう捉えられることが多いことを受け止める。この本質的な善は、政府が人を尊厳あるものとして扱うときに尊重すべきものである。

こうした点は、文脈によって強さの度合いが異なるのはたしかである。結局のところ、命令が厚生を根拠として究極的に正当化されることにもなるかもしれない。しかし少なくとも他人への危害がない場合には、より介入的でなく、選択の余地を残すような案からはじめ、それを支持する仮説（反証されうるもの）を一般に採用することに意味がある。これまで見てきたように、行動科学的な情報を得ている政策立案者の道具箱の中で、ナッジが唯一の手段であるとは言いがたい。しかし、選択者を自分自身の誤りから守ろうとするのであれば、ナッジは最高の地位に値するのである。

第10章　進むべき道

Paths Forward

行動科学には、明らかにされなければならないことがまだたくさん残っている。私としては、特定個人化された、あるいはターゲットを絞ったナッジが最善だろうという見解を出してきた。[*1] それは利益を受けるはずの人の役に立ち、そうでない人への害悪を避けることができる。これは今後の厚生分析において最も重要な分野の一つである。また、現実の実践においても最も重要な分野でもある。

また、ナッジや、その他の行動科学情報に基づいた介入が、短期的ではなく長期的な効果をもたらすのはどういうときなのか、もっと多くのことを知る必要がある。初期設定ルールは「粘着性がある」と考えることには根拠がある。人があるプログラムに自動的に登録された場合、それは長い間、もしかしたらずっと、そのままかもしれない。[*2] しかし、情報開示などのナッジだと、人が繰り返しその情報に接しない限り、短期的な効果にとどまるかもしれない。[*3] ナッジを含む何らかの行動科学的な介入が代償行動をもたらすのか、それともむしろ有益な波及効果をもたらすのかについても知る必要がある。たとえば、昼食時の健康的な食事が夕食時の不健康な食事につながる場合や、何らかの活動にあたってのグリーンナッジが他の分野でも環境にやさしい選択につながるといった場合である。[*4]

しかし、最も基本的な点に立ち返ってみよう。場合によっては、情報が不足していることもある。また、行動科学的な市場の失敗を明らかにできることもある。行動科学的な市場の失敗というのは、人々が特定可能な行動バイアスの餌食となっており、その選択が自分自身の観点から見て自分の生活を悪化させてしまうという意味である。そういうときには何らかの是正措置をとるのがよい。それはナッジかもしれないし、税金だったり、命令だったりする。自由な社会では、哲学的な懸念は別として、法律や政策に関わる人々が作業仮説を採用することに実践的な意味がある。もう一度繰り返そう。

十分に情報を得ており、かつ、さまざまな行動バイアスから十分に逃れられている限り、私たちは自分自身の幸福度を最もよく判断できる者であるとみなされるべきである。

実践的には、この仮説（推定）は四つの補助的な問いによって規律できる。[*5]

1　十分な情報を得た選択者は何を選ぶのか？
2　能動的な選択者は何を選ぶのか？
3　人々は（いわゆる）現在バイアスや非現実的なまでの楽観主義から解放されている状況で、何を選択するか？
4　視野が広く、注意力不足に悩まされないとき、人々は何を選ぶのだろうか？

こうした補助的な問いには経験的に答えられるものもある。たとえば、情報がないときには消費者が燃費のよい自動車を選ばないのかどうか、選ばないとすればそれはどの程度なのか、という問いを考えてみよう。消費者に関連情報を提供し、何が選択されるかを見るような実験デザインが考えられる。[*6] 十分に情報を得ている消費者の選択は、分析の基礎とすることができる。もし、ほとんどの消費者がオプトイン方式のもとで当座貸越保護プログラムへの登録を能動的に選択したならば、少なくともそうしたプログラムが消費者の利益になると考えるべきいくらかの根拠になるだろう[*7]（ここでは、ターゲットを絞った、または特定個人化されたプログラムがもたらす利益の可能性は脇に置いている）。また、（たとえば）エネルギー効率の高い電球の経済的節約の可能性を顕著に目立たせるような、少なくとも現在バイアスと注意力不足を克服するような実験デザインを考えることもできる。[*8] その状況で消費者がそうした電球を選択したりしなかったりするならば、私たちは何が消費者の厚生を高めるのかについて、全部ではないが何かを学ぶことができる。

原理的にいって、こうした補助的な問いに答える試みは、コスト・ベネフィット分析に役立つはずである。行動科学の知見によって顕示的選好の標準的な使用に疑問が投げかけられている場合、どのように先に進めばよいのかわかりにくい場合が多いからである。[*9] 補助的な問いへの回答は、間接的判断に介入するような規制への余地をもたらすかもしれない。そうした回答は、多くの場合に推論の失敗を克服したり、誘導性を高めるといった理由により、手段パターナリズムの正当化になる。[*10]

抽象度の高いレベルで働くような人々の目的についていえば、作業仮説の提供者の主張は、選択の自由のかなりの程度の尊重である。しかし、自律や厚生についての考えに基づくこの作業仮説を根本的に正当化するには、特定の哲学的な立場を採用せざるをえないことも認めている。場合によっては、目的パターナリズムが正当化されることもあるだろう。それは手段パターナリズムの正当化と同じ誤りによるかもしれないし、選択者自身が何を価値あるものと考えているかに焦点を絞った、議論の余地が比較的少ないような厚生の理解を参照することによって可能かもしれない[*11]。作業仮説の支持者は信念を持って自分の立場を擁護するのだが、同時に謙虚でもある。背景に、時には目に見える前面に大きな問題があることを認めながら、この作業仮説に代表されるような、完全には理論化されていない合意の達成を目指している。それは、最も基本的な論点についてさえ不確かであったり、どのように解決するかについて激しい意見の対立があるような人々の間でなされる合意である。

最終的には、最も重要なのは人がどのような生を送ることができるかであり、選択の自由はよい生の重要な部分をなすという主張をもって、選択の自由を支持するような推定を採用するのがよいだろう。行動経済学はせいぜいのところ、私たちの選択の自由を真正にする、そして単に長生きするというだけでなく、真によりよい生活を送るのに役立つのである。

謝辞

何よりもダニエル・カーネマンとリチャード・セイラーに感謝する。二人は私の大切な友人であり、共著者である。二人からは多くのことを学ばせてもらった。本書の第3章は、人々の選択が自分自身を幸福にするかどうかについてだが、もともとはセイラーとの共著であり、共著書『実践 行動経済学（*Nudge*）』の一章のつもりで書かれた。流れをよくするため最終版ではいくつかの章をカットしたのだが、その一つである。第3章のすぐれた部分はすべてセイラーのおかげだが、そうでない部分について彼の責任は一切ない（なお、本書に収録するという選択によって、私は幸福になった）。

また、マチュー・アドラー、ハント・オールコット、オーレン・バージル、トーマス・ナイスナー、デイヴィッド・ストロース、ドミトリ・タウビンスキー、W・キップ・ヴィスクシからも、本書の一部についてきわめて貴重なコメントをいただき、感謝している。ウルマン＝マルガリートとのいくつかの共同研究プロジェクトには、本書の基礎となった部分も多い。三人の匿名査読者は非常に有益なコメントをくださった。リア・カッタネオ、ディニス・チェイアン、ロイット・ゴヤル、エリ・ナチュマニーは、すばらしい研究支援と提案をしてくれた。本書の一部は、私の論文 "Behavioral Welfare Economics," *Journal of Benefit-Cost Analysis*, 11, 196（2020）を用いている。利用・掲載の許可をくださったケンブリッジ大学出版局に感謝する。

注（原注は［原注］として番号とともに記載）

第2章

＊1　Pichert and Katsikopoulos, 2008
＊2　Kaiser et al., 2020
＊3　Ebeling and Lotz, 2015
＊4　Pohl, 2016
＊5　Farhi and Gabaix, 2020
＊6　Homonoff, 2018
＊7　Thaler and Sunstein, 2008
＊8　Le Grand and New, 2015
＊9　Le Grand and New, 2015; Sunstein, 2014
＊10　Sunstein, 2020
＊11　Benartzi et al., 2017
＊12　Thaler and Sunstein, 2008; Johnson and Goldstein, 2013; Chetty et al.
＊13　Chetty et al., 2014
＊14　Bettinger et al. 2009
＊15　Allcott, 2011b
＊16　Sunstein and Reisch, 2014
＊17　Egebark and Ekstrom, 2016
＊18　Kahneman 2011
＊19　Thaler and Sunstein, 2008
＊20　Laibson 1997
＊21　O'Donoghue and Rabin, 2001; Thaler and Benartzi, 2004
＊22　Sharot, 2011
＊23　Bordalo et al., 2012a; Bordalo et al., 2012b
＊24　Gabaix and Laibson, 2006
＊25　Dunn et al., 2011; Gilbert, Pinel, et al., 1998

第3章

＊1　Karhneman and Frederick, 2002
＊2　Gilbert and Wilson, 2000

*3 Gilbert and Wilson, 2000
*4 Schkade and Kahneman, 1998
*5 Schkade and Kahneman, 1998
*6 Ubel et al., 2005
*7 Schkade and Kahneman, 1998
*8 Ubel et al., 2005
*9 Ubel et al., 2005
*10 Gilbert, Pinel, et al., 1998
*11 Wilson and Gilbert, 2003
*12 Schreiber and Kahneman, 2000
*13 Kahneman et al., 1993
*14 Kahneman et al., 1993
*15 Redelmeier et al., 2003
*16 Loewenstein et al., 2003
*17 Loewenstein, 2005
*18 Nisbett and Kanouse, 1968
*19 Gilbert, Gill et al., 1998
*20 Colin et al., 2004
*21 DellaVigna and Malmendier, 2006
*22 Read, et al., 1999
*23 Hsee, 2000
*24 Sunstein, 2018b
*25 Hsee, 2000
*26 Morewedge, et al., 2010
*27 Read et al., 2001
*28 Simonson, 1990
*29 Read, et al., 2001
*30 Sunstein, 2018b

第4章

*1 Halpern, 2015; OECD, 2010
*2 Cabinet Office. n.d.
*3 OECD, 2010
*4 DG SANCO, 2010
*5 European Commission, 2012; iNudgeYou.com, n.d.
*6 参照、inudgeyou.com, n.d.; greeNudge.org, 2018
*7 Sunstein, 2013
*8 大統領令 13563, 2011
*9 大統領令 13707, 2015
*10 Benartzi et al., 2017
*11 Behavioural Insights Team, 2014
*12 Egebark and Ekstrom, 2016
*13 Sunstein, 2019d; Sunstein 2020
*14 Allcott, 2011b

＊15 Sparkman and Walton, 2017
＊16 Sparkman and Walton, 2017
＊17 Turnwald et al. 2019
＊18 Jachimowicz et al., 2019
＊19 Luguri and Strahilevitz, 2019
＊20 Luguri and Strahilevitz, 2019; Gale et al., 2009; Dinner et al., 2011; Carroll et al., 2009
＊21 Jachimowicz et al., 2019; Johnson and Goldstein, 2013
＊22 Thaler, 2015
＊23 Jachimowicz et al., 2019
＊24 Weimer, 2020
＊25 Weimer, 2020
＊26 Sunstein, 2020
＊27 Madrian and Shea, 2001; Gale et al., 2009
＊28 Gale et al., 2009
＊29 Orszag and Rodriguez, 2009; Papke, Walker, and Dworsky, 2009; Chiteji and Walker, 2009
＊30 Chetty et al., 2014
＊31 Bernartzi et al.2017
＊32 Obama, 2009; Internal Revenue Service, 2009
＊33 Benartzi and Thaler, 2013
＊34 Healthy Hunger-Free Kids Act, 2012
＊35 Healthy Hunger-Free Kids Act, 2012
＊36 Department of Agriculture, 2011
＊37 Agarwal et al., 2013
＊38 12 C.F.R.. § 205.17
＊39 12 C.F.R. § 205.17(b)
＊40 Willis, 2013; Sarin, 2019
＊41 Willis, 2013
＊42 Sarin, 2019
＊43 Willis, 2013
＊44 Zywicki, 2013
＊45 Credit Card Accountability Responsibility and Disclosure Act
＊46 Agarwal et al., 2013
＊47 Sarin, 2019
＊48 Affordable Care Act（ACA）
＊49 CLASS Act, 2010
＊50 CLASS Act, 2010
＊51 Centers for Medicare and Medicaid Services, 2010
＊52 Orszag, 2010

＊53　Sunstein, 2020
＊54　Farhi and Gabaix, 2020
＊55　9 CFR. § 317.309
＊56　Heath and Heath, 2010
＊57　FDA, 2014
＊58　Agarwal et al., 2013
＊59　Agarwal et al. 2013; Sarin, 2019
＊60　Affordable Care Act, 2010
＊61　Sunstein, 2020; Bollinger et al., 2010; Downs et al., 2009
＊62　Sunstein, 2011
＊63　Environmental Protection Agency, 2009
＊64　Allcott, 2011a
＊65　Sunstein, 2013
＊66　Department of the Treasury, 2009
＊67　Department of the Treasury, 2009
＊68　Dodd-Frank Act, 2010
＊69　Dodd-Frank Act, 2010
＊70　Dodd-Frank Act, 2010; Riis and Ratner, 2015
＊71　Kamenica et al., 2011
＊72　29 CFR. § 2550.404a-5
＊73　Kronlund et al., 2020
＊74　Bradley and Feldman, 2020
＊75　Department of Education, 2010a
＊76　34 CFR. § 668.6; Department of Education, 2010b
＊77　34 CFR. § 668.6; Department of Education, 2010b
＊78　Sethi-Iyengar, Huberman, and Jiang, 2004
＊79　Iyengar and Kamenica, 2010
＊80　Thaler and Sunstein, 2008
＊81　Gruber and Abaluck, 2011
＊82　Korobkin, 2013 も参照のこと。
＊83　Kronlund et al., 2020; Sarin, 2019
＊84　Chetty, Looney, and Kroft, 2009; Finkelstein, 2009
＊85　Sahm, Shapiro, and Slemrod, 2011
＊86　一般的な枠組みについては，Farhi and Gabaix, 2020 を参照のこと。
＊87　Howarth, Haddad, and Paton, 2000
＊88　Brown, 2007
＊89　Brown et al., 2008
＊90　Brown et al., 2008
＊91　Allcott, 2011b

＊92 Sparkman and Walton, 2017
＊93 Mulligan, 2011
＊94 USA Today（May 21, 2010）
＊95 Retrieved from www.usatoday.com/money/industries/food/2010-05-17-cutting-calories_N.htm
＊96 Press Release: Food and Beverage Industry Launches Nutrition Keys, Front-of-Pack Nutrition Labeling Initiative to Inform Consumers and Combat Obesity. Retrieved from https://www.fmi.org/newsroom/news-archive/view/2010/10/27/food-beverage-industry-announces-front-of-pack-nutrition-labeling-initiative-to-inform-consumersand-combat-obesity

第5章

＊1 Farhi and Gabaix, 2020; Conly, 2013
＊2 Le Grand and New, 2015
＊3 Le Grand and New, 2015
＊4 Sunstein, 2018a
＊5 Farhi and Gabaix, 2020
＊6 明確にカタログ化したものとして、参照、Thaler, 2015.
＊7 Hausman and McPherson, 2009; Sugden, 2018
＊8 ほとんどつまみ食いのような説明になるが、次を参照。Allcott and Sunstein, 2015; Allcott and Kessler, 2019; Bernheim and Rangel, 2007, 2009; Bernheim, 2009; Gul and Pesendorfer, 2004; Farhi and Gabaix, 2020; Gabaix, 2019; Thunstrom, 2019.
＊9 Allcott and Sunstein, 2015
＊10 ［原注1］この仮定は、人々の判断に介入しようとする者の潜在的に利己的な、または悪意あるインセンティブによって強化されうる。私はこの重要な点をここで要約している。
＊11 Le Grand and New, 2015; Acland, 2018
＊12 Bar-Gill, 2012
＊13 Akerlof and Shiller, 2016; Bar-Gill, 2012
＊14 O'Donoghue and Rabin, 2015
＊15 Farhi and Gabaix, 2020; Gabaix, 2019; Sarin, 2019
＊16 Bar-Gill, 2012; Farhi and Gabaix,

2020; Conly, 2013; Sarin, 2019

＊17 Sunstein, 2019c

＊18 Keren, 2011; Scholten et al., 2019

＊19 Jachimowicz et al., 2019

＊20 Goldin, 2015, 2017

＊21 Mattauch and Hepburn, 2016

＊22 Ullmann-Margalit, 2006; Pettigrew, 2020

＊23 Ullmann-Margalit, 2006; Pettigrew, 2020

＊24 Dlan, 2014; Kahneman et al. 1997; Schkade and Kahneman, 1998; Adler, 2011; Bronsteen et al. 2013

＊25 Sunstein, 2019b

＊26 Bernheim, 2016

＊27 誘惑と自制心という重要な問題については、Gul and Pesendorfer, 2004 も特に貴重である。

＊28 Bernheim, 2016

＊29 Posner, 1973

＊30 Bernheim, 2016

＊31 Allcott et al., 2019

＊32 Allcott, 2016

＊33 Gruber and Mullainathan, 2005; Farhi and Gabaix, 2020 も参照。

＊34 Sunstein, 2019b

＊35 Allcott et al., 2019

＊36 Bernheim, 2016

＊37 Bernheim, 2016

＊38 Waldron 2014

＊39 Mill 2002

＊40 Hayek 2013

＊41 Wilson, 2004

＊42 Bubb and Pildes, 2014

＊43 Kahneman et al., 1997; Sunstein, 2019b

第6章

＊1 Allcott and Sunstein, 2015; Bernheim and Taubinsky, 2018; Goldin, 2017

＊2 Abaluck and Gruber, 2009, 2013; Afendulis et al., 2015; Bhargava et al., 2015, 2017

＊3 Conly, 2013; Bubb and Pildes, 2014

＊4 Bernheim, 2016

＊5 Conly, 2013

＊6 Le Grand and New, 2015

＊7 Bernheim, 2016

＊8 Le Grand and New, 2015; Sunstein, 2014

＊9　Madrian and O'Shea, 2002
＊10　このテーマについて一般的に参照、Le Grand and New, 2015.
＊11　Sunstein, 2019a
＊12　Conly, 2013
＊13　Akerlof and Dickens, 1982
＊14　Bar-Gill, 2012; cf. Akerlof and Shiller, 2016
＊15　Bar-Gill, 2012; Bubb and Pildes, 2014
＊16　Le Grand and New, 2015; Bar-Gill, 2012
＊17　Rabin, 2013
＊18　Bubb and Pildes, 2014
＊19　Luguri and Strahilevitz, 2019
＊20　Bernheim, 2016
＊21　Masiero et al., 2015
＊22　Le Grand and New, 2015
＊23　Allcott and Sunstein, 2015
＊24　［原注2］Akerlof and Shiller（2016）は、売り手がこうした欠陥やバイアスを利用したり、「フィッシング」するために能動的に試みていることを強調しているが、同様の議論である。
＊25　Bernheim and Taubinsky, 2018
＊26　Bernheim and Taubinsky, 2018
＊27　Bernheim, 2016
＊28　cf. Acland, 2018
＊29　Bernheim and Taubinsky, 2018
＊30　Levitt, 2016
＊31　Feldman, 2010

第7章

＊1　Sunstein, 2002
＊2　Le Grand and New, 2015
＊3　Adler, 2011
＊4　Acland, 2018
＊5　Thaler and Sunstein, 2008; Conly, 2013; Mullainathan and Shafir, 2013
＊6　［原注3］行動科学的な情報に基づいた民間団体の判断をいくらか含むような政策もありうる（Laibson, 2018）。
＊7　Kling et al., 2012
＊8　Gillingham et al., 2019
＊9　［原注4］「すべての消費項目（「外部財」）は目的のための手段であり、その中の選択はつねに間接的な判断を伴う」という可能性に対するバーンハイムの認

識を思い出してほしい。たとえば同性間の関係を犯罪とするなど、人々の生活の親密な側面に命令的な規制を課している国家があることは事実であり、こうした規制には、行動科学上の根拠に基づいて擁護される点もあるかもしれない。しかし、現在のところ、行動経済学を用いている研究機関では、間接的判断が基本であり、間違いを発見したり、行動科学の情報に基づく介入を推奨したりする学術研究でも同様である。

＊10 Bento et al., 2019

＊11 Gayer and Viscusi, 2013

＊12 Greenstone, 2013

＊13 節約の例について参照、Gayer and Viscusi, 2013.

＊14 懐疑的な見方についてはGayer and Viscusi, 2013を参照のこと。懐疑的でない見方については、Allcott and Sunstein, 2015を参照のこと。

＊15 Allcott and Knittel, 2019; Gillinghamら, 2019; Allcott and Sunstein, 2015; Gayer and Viscusi, 2013

＊16 Rabin, 2013

＊17 Gillingham et al., 2019

＊18 Acland, 2018

＊19 Gilbert, Gill, and Wilson, 1998; Gilbert and Wilson, 2000

＊20 長いカタログについて、参照、Pohl, 2016.

第8章

＊1 Adler, 2011

＊2 Robinson and Hammitt, 2011; Weimer, 2017, 2020

＊3 Schkade and Kahneman, 1998

＊4 ［原注5］バーンハイムとタウビンスキーは、主観的幸福に依拠することに対して多くの異論を提起している（Bernheim and Taubinsky, 2018）。すでに述べたように、人々が気にかけるのは主観的幸福だけではないという主張は正しい。たとえば他人のために、意味のある人生を生きるために、あるいは道徳的目標のために、人々は自分の主観的幸福を犠牲にする選択を行うかもしれない。しかし、

主観的幸福ではなく選択に依拠することの理由は、それだけでは説明できない。状況によっては、選択は実際に主観的幸福を促進しようとする試みであるが、間違ってしまうのである。

＊5　Hurka, 1996

＊6　［原注6］リベラルな完成主義（卓越主義）の擁護として参照、Raz（1985）。完成主義に対する批判として参照、Rawls（1991）および Conly（2013）。一般的な説明として Zalta（2017）。

＊7　Raz, 1985

＊8　Foot, 2001; Nussbaum, 1993, 2000

＊9　Elster, 1985

＊10　Conly, 2013

＊11　Elster, 1983

＊12　Elster, 1983; Whittington and McRae, 1986

＊13　Acland, 2018

第9章

＊1　Glaeser, 2006

＊2　Sunstein, 2019a

＊3　Glaeser, 2006

＊4　Lades and Delaney, 2020; Le Grand and New, 2015

＊5　Sunstein and Reisch, 2019

＊6　Beshears et al., 2010

＊7　Bronchetti et al., 2011

＊8　Conly, 2013; Bubb and Pildes, 2014

＊9　Bubb and Pildes, 2014

＊10　Farhi and Gabaix, 2020

＊11　Conly, 2013

＊12　Weimer, 2020; Bernheim et al., 2015

第10章

＊1　Allcott and Kessler, 2019

＊2　Cronqvist et al., 2018

＊3　Allcott and Kessler, 2019

＊4　Lanzini and Thgersen, 2014

＊5　Allcott and Sunstein, 2015

＊6　Allcott and Knittel, 2019

＊7　Sarin, 2019

＊8　Allcott and Taubinsky, 2015

＊9　一例として、燃費とエネルギー効率の要件の消費者にとってのメリットをめぐる

論争が続いている（Allcott and Taubinsky, 2015）。もう一つの例は、喫煙の削減をどのように評価するかについての論争が続いていることである。そうした試みがどの程度まで元喫煙者の厚生を向上させるのか（Levy et al., 2018）。レヴィらが紹介した枠組みは、ここでの分析との親和性がきわめて高い。

＊10 Le Grand and New, 2015

＊11 参照、Acland, 2018.

訳者あとがき——キャス・サンスティーン「社会厚生主義」構想

本書はCass R. Sunstein, *Behavioral Science and Public Policy*, Cambridge University Press, 2020の全訳である。原著は、最先端の学問領域のコンパクトな入門であるCambridge Elementsの公共経済学シリーズの一つとして出版された。

本書が焦点を合わせているのは、人の無意識のバイアスを解明する行動科学（本書の説明では認知心理学、社会心理学、行動経済学の三つの分野）の知見を生かした公共政策のあり方である。その手法の目玉となるのが「ナッジ」（肘でそっと押す、という意味）である。

ナッジは無意識のバイアスを利用し、人の行動をよりよい方向に導く手段である。本書の著者キャス・サンスティーンと経済学者リチャード・セイラーの共著『実践行動経済学（*Nudge*）』（原著初版二〇〇八年）以来、世界的な流行語となっており、また、各国の政策でおおいに用いられてきた。今般の新型コロナウイルスの世界的大流行（パンデミック）では、人の行動を変える安上がりな手段として民間でも爆発的に用いられるようになった。たとえば、ソーシャル・ディスタンスを取るためにコンビニエンスストアのレジの前に一定間隔で引いてある線を思い浮かべればわかりやすい。そのように人の行動の物理的な環境（アーキテクチャ）を変えるものから、情報伝達型ナッジ（本書の言葉でいえば「教育目的」で、情報開示などがその例とされる）まで、ナッジは多様な形をとる。

ナッジは強制ではなく、人の選択の自由を保障する。つまり、従わなくてもよいし、ひとたび従ったとしても簡単に元に戻せる。いわば、自由と幸福を両立させる手段として便利に用いられる。しかし、そうしたナッジには、無意識のうちに行動を操作されているかのような気持ち悪さがあるのも否めない。本書はその懸念に応えながら、ナッジの具体的な用いられ方から、その根底にある「自由」「幸福」の概念分析まで、サンスティーンの現時点での考え方が明快に示されている。本書の副題「**ナッジからはじまる自由論と幸福論**」は、そうした本書の試みを端的に表すために訳者が付した。

用語解説

本書は平易に書かれているが、簡潔に過ぎるかもしれない部分も見受けられるため、本解説では最初に、一部の重要な用語について多少の説明を行っておく。

【厚生 welfare】　サンスティーンが公共政策の目標とするのは社会全体での welfare の増大である。この welfare には、本書では基本的に「厚生」という訳語をあてた（一部、社会保障政策の文脈では「福祉」とした）。この「厚生」は簡単にいえば人の**幸福**だが、本書の目的の一つはその中身を明らかにすることである。

本書では厚生の捉え方について、①快楽主義、②選好ベース説、③客観的な善、の三つが示されており、それぞれ一長一短が述べられている。なお、これは哲学者デレク・パーフィットによる価値論の三分類を踏襲している。①現在状態説、②欲求充足説、③客観的リスト説、といった用語法が一般的であるが、本書で特に異なった意味が込められているわけではないので、この分類をすでに知っている読者はそれぞれ対応させて読んでかまわない（こうした幸福論の分類について関心のある読者には、簡便な解説として、森村進『幸福とは何か：思考実験で学ぶ倫理学入門』（筑摩書房、二〇一八年）を参照）。

本書でサンスティーンはどのように厚生を理解しているか。社会全体での厚生を増大しているかどうかを考えるにあたって、サンスティーンが用いるのは、**コスト・ベネフィット分析**である。公共政策の効果は、コスト（費用）とベネフィット（便益）を比較して測られなければならない。ここで主たるベネフィットとして位置付けられるのが厚生であり、そうである以上、厚生には一定の比較可能性と集計可能性が必要である。つまり、他者との比較がまったく不可能な私秘的な幸福や、長期の時間的スパン（「人生全体」など）によってのみ判断される有機的・全体論的な幸福はその対象とはなりにくい。そのため、本書が対象としている厚生は、あくまで客観的な幸福である。

サンスティーンが採用している厚生の理解は、前述の①〜③分類の「いいとこ取り」のようなところがある。厚生にとって快楽と苦痛はもちろん重要だが（快楽主義）、人はそれだけを求めて生きているわけではない。本書でサンスティーンは、J・S・ミル的な「質の区別」を導入している。さて、いかなる選好（欲求）が「上級」なものとされるべきなのだろうか。ここでミル的なエリート主義が素朴に振りかざされるわけではなく、行動科学の知見が用いられることになる。**経済人**ならぬ現実の**人間**はさまざまな欲求を持っているものの、無意識の行動バイアスによって自分自身の欲求そのものを誤ることがある（欲求ミス）。本書が述べる公共政策の目的はまず、そうした行動バイアスから人を逃れさせることだ。そして、**無意識の行動バイアスから逃れ、十分な情報や判断能力があったならば有していたであろう選好の実現が「厚生」**であり、社会全体での増大が目指されることになる。

【行動インサイト behavioral insight】 行動科学（本書の説明では認知心理学、社会心理学、行動経済学の三つの分野）による、人の行動に影響を与える無意識のバイアスについての洞察・知見を指す。そうした知見をもとに人の行動の変容を促す手段の代表がナッジだが、ナッジ以外の多様な規制手段（法的な強制、経済的インセンティブによる誘導、アーキテクチャへの介入など）にも行動インサイトは活用されている。世界各国の公共政策の実例や、その批判的検討として、次のような書物が参考になる。

・白岩祐子・池本忠弘・荒川歩・森祐介（編）『ナッジ・行動インサイトガイドブック：エビデンスを踏まえた公共政策』（勁草書房、二〇二二年）

【リバタリアン・パターナリズム libertarian paternalism】 ナッジ等を用い、人の行動を望ましい方向へと変容させるべきだとする思想。ナッジは従わないこともできるために選択の自由が保障されている。この点がリバタリアニズム（自由至上主義）的である。また、行動バイアスによって望ましい選好や判断がなされていないときに人を正しく導くという点でパターナリズム（父権的温情主義）的である。

この二つの要素は本当に両立するのか。無意識の誘導によってリバタリアンが重視する自由が骨抜きにされてしまわないか、逆に、従わない自由があるならば本人の意思に反してでも強制するパターナリズムの意味がないのではないか、といったことが論点となってきた。それぞれ多くの文献があるが、簡潔な論点整理として参照、福原明雄「「リバタリアン」とはどういう意味か：リバタリアニズム論からみたリバタリアン・パターナリズム」および瀬戸山晃一「自律にはナッジで十分か？：パターナリズム論からみたリバタリアン・パターナリズム」（那須耕介・橋本努編『ナッジ!?』(勁草書房、二〇二〇年)所収)。

サンスティーンの経歴、著書

著者のキャス・サンスティーンは一九五四年生まれのアメリカの公法学者であり、現在、ハーバード大学ロースクール教授である。きわめて広範囲にわたる業績があるが、憲法基礎理論としては司法の謙抑性を説く「司法ミニマリズム」論、それを支える「完全には理論化されていない合意」といったアイデアが有名である。また、インターネットの普及による情報化の発展が熟議民主主義に与えるネガティブな影響について、「分極化(polarization)」といった言葉で早くから分析を行ってきた。ほか、動物の権利論などの著作もある。

近年は行動科学の法学への応用に力を注いでおり、経済学者のリチャード・セイラーとの共著『実践 行動経済学(原題:*Nudge*)』(原著二〇〇九年)で、選択の自由を保障しつつ、人々をよりよい厚生へと導く手法である「ナッジ」を世界的な流行語にしてみせた。謝辞に述べられているように、本書の第3章はもともと、この世界的ベストセラーに収められる予定だったということである(なお、原著の「最終版(the final edition)」が二〇二一年八月に出版予定であり、大幅な拡充がなされているとのことである)。

サンスティーンはオバマ政権下で情報規制問題室長として行動科学の知見を実際の政策にお

いて実践してきた。その成果もまたいくつかの著書にまとめられているが、本書はその最新版であり、行動科学と公共政策の関係をコンパクトに述べるとともに、自由や厚生といった基礎的な概念についてもサンスティーンの現在の考えを述べるものとして重要である。「ナッジ」を代表とする行動科学の成果を公共政策に用いるにあたって、基礎から具体例まで一通り知ることのできるガイドブックになっている。

サンスティーンの著書・論文には膨大な量があるが、邦訳のあるものだけ示すと次のとおりである。

- *Free Markets and Social Justice*, Oxford University Press, 1997（有松晃・紙谷雅子・柳澤和夫訳『自由市場と社会正義』、食料・農業政策研究センター、二〇〇二年）
- *Republic.com*, Princeton University Press, 2001（石川幸憲訳『インターネットは民主主義の敵か』、毎日新聞社、二〇〇三年）
- *The Laws of Fear: Beyond the Precautionary Principle*, Cambridge University Press, 2004（角松生史・内野美穂監訳『恐怖の法則：予防原則を超えて』、勁草書房、二〇一五年）
- *Worst-Case Scenarios*, Harvard University Press, 2007（齊藤誠・田沢恭子訳『最悪のシナリオ：巨大リスクにどこまで備えるのか』、みすず書房、二〇一二年）
- *Simpler: The Future of Government*, Simon & Schuster, 2013（田総恵子訳『シンプルな

政府：〝規制〟をいかにデザインするか』、NTT出版、二〇一七年）

- *The Ethics of Influence: Government in the Age of Behavioral Science*, Cambridge University Press, 2016（田総恵子訳『ナッジで、人を動かす：行動経済学の時代に政策はどうあるべきか』、NTT出版、二〇二〇年）
- *Valuing Life: Humanizing the Regulatory State*, The University of Chicago Press, 2017（山形浩生訳『命の価値：規制国家に人間味を』、勁草書房、二〇一七年）
- *Choosing Not to Choose: Understanding the Value of Choice*, Oxford University Press, 2015（伊達尚美訳『選択しないという選択：ビッグデータで変わる「自由」のかたち』、勁草書房、二〇一七年）
- *The World According to Star Wars*, Dey Street Books, 2016（山形浩生訳『スター・ウォーズによると世界は』、早川書房、二〇一七年）
- *#Republic: Divided Democracy in the Age of Social Media*, Princeton University Press, 2017（伊達尚美訳『＃リパブリック：インターネットは民主主義になにをもたらすのか』、勁草書房、二〇一八年）

ほか、本書に関わりの深い共著書として、次のようなものがある。

- Richard Thaler and Cass R. Sunstein, *Nudge: Improving Decisions about Health, Wealth, and Happiness. New Haven,* Yale University Press, 2008（遠藤真美訳『実践 行動経済学：健康、富、幸福への聡明な選択』、日経BP社、二〇〇九年）
- Cass R. Sunstein & Reid Hastie, *Wiser: Getting Beyond Groupthink to Make Groups Smarter,* Harvard Business Review Press, 2014（田総恵子訳『賢い組織は「みんな」で決める：リーダーのための行動科学入門』、NTT出版、二〇一六年）
- Cass R. Sunstein and Lucia A. Reisch, *Trusting Nudges: Toward A Bill of Rights for Nudging,* Routledge, 2019（遠藤真美訳『データで見る行動経済学：全世界大規模調査で見えてきた「ナッジの真実」』日経BP、二〇二〇年）

このほか、サンスティーンの憲法基礎理論、法哲学、民主主義理論に関わる重要論文をセレクトした論文集として、那須耕介（編・監訳）『熟議が壊れるとき：民主政と憲法解釈の統治理論』（勁草書房、二〇一二年）がある。特に、本書で随所に出てくる「完全には理論化されていない合意」については、同書所収「司法ミニマリズムを超えて」（原著二〇〇八年）で詳しく述べられている。

日本でのサンスティーンの議論の検討も増えつつあるが、本書で扱われているナッジやリバタリアン・パターナリズムについては、那須耕介・橋本努編『ナッジ!?：自由でおせっかいなリバタリアン・パターナリズム』（勁草書房、二〇二〇年）が、多方面からの批判的検討を含んでいて有益である。同書の出版記念イベントを電子書籍化した、那須耕介・橋本努・吉良貴之・瑞慶山広大『ナッジ！　したいですか？　されたいですか？：される側の感情、する側の勘定』（勁草書房、二〇二〇年）とあわせて参照されたい。

本書の論点

ナッジは変わったのか？

人々の自由を損なうことなく、低コストで行動を変える手段としての「ナッジ」は、近年、世界中で一般的に用いられるようになっている。特に、新型コロナウイルスのパンデミックが起こった二〇二〇年には、感染拡大を防ぐための多種多様なナッジが官民を問わず使われることになった。あまりに多様なナッジが出現しているため、果たして「ナッジ」に共通の特徴といえるものがあるのかさえ疑問に付される事態にもなっている。まず、この点について本書でどう述べられているのかを見ておく。

サンスティーンとセイラーによる、ナッジの当初の定義は「どんな選択肢も閉ざさず、また人々の経済的インセンティブも大きく変えることなく、その行動を予測可能な方向に改める選択アーキテクチャの全要素」（Thaler and Sunstein 2008, 6）というものである。このナッジの定義はその後、サンスティーン自身によって、あるいはその他の論者によって融通無碍に広げられていく。本書ではたとえば、補助金などの多少の経済的インセンティブ付与はナッジの趣旨に反するものでないことが述べられている。公共政策において用いられる規制の手段にはアメとムチの度合いによってさまざまであるが、ナッジはそれらを「ナッジらしさ」といった言い方で評価するような概念にもなっている。

サンスティーンが本書で強調するのは、選択の自由の保障である。ナッジには、それに従わない（オプトアウトする）自由が保障されていなければならない。この点は当初から変わらないといえるが、一方、本書の特徴として、人々の選択と「厚生（welfare）」の関係が概念的に検討されていることがあげられる。サンスティーンとしては、行動科学の最大の成果は人々の選択が必ずしも**真の**厚生につながらないことを明らかにしたことにあると考えているようである。しかし、そのように理解された厚生は自由を骨抜きにしていかないのだろうか？

自由と厚生

サンスティーンがナッジとの関連で考える自由は、一貫して選択の自由である。より明確にすれば、ナッジによって誘導される方向からオプトアウトする自由である。その選択肢が残されている限り、つまり、ある行為が強制されているのでない限り、選択の自由が損なわれるとは考えない。それがリバタリアン・パターナリズムの「リバタリアン」要素である。

ナッジが目指すのは人々の厚生の増進である。サンスティーンは厚生について、人々が実際に感じる快楽であるとするベンサム主義的アプローチと、思慮分別のある人々が十分な情報を持ち、またさまざまな行動バイアスから逃れていたならば選んでいたであろう選択肢から得られる厚生を真のものとするミル主義的アプローチに分け、本書では明確に後者の可能性を探っている。

もちろん、ナッジは隠されていてはならず、透明性が確保され、つねに人々からの批判的検討の対象とされなければならないといった留保はつけられている。しかし、その目的が自由の保障のためであるというのは白々しく響くようにさえ思える。ナッジが人々を真の厚生へと誘導できるかというと、当然ながら設計ミスによる失敗もある。むしろ、失敗こそ貴重なデータであり、その集積によってナッジが改善されていく。ここで人々の選択の自由は、あるナッジが客観的な厚生の促進に成功するか失敗するかというデータへと性格を変えていく。つまり、人々がナッジに従うか・従わないか、それによって厚生が増進したか・しなかったか、というデータの集積が次のよりよいナッジ（第2章の言葉でいえば「その先のナッジ」）につながっていく。あえてナッジに従わないで悲惨な人生を送ることになった人の選択は、表面的には選択の自由が尊重されたことになるが、その自由は実のところナッジ改善のためのデータとしての価値をもつにすぎない。この図式にどこか本末転倒なところがあるのはたしかだが、かといってどこかに出口があるわけでもない。主観的な自由が残されていることにただ安心するか、社会厚生をよく実現できるほどのデータ集積などまだ遠い先の話であると高をくくるか、それとも新しいナッジを作る楽しみに身を委ねることに自由の価値を見出していくか。自由の支持者は悩ましい選択肢の前に立たされている（なお、サンスティーンの直近の自由論として、*On Freedom*, Princeton University Press, 2019 も参照）。

謝辞

本書は吉良が単独で訳した。本書では哲学的な議論もなされているが、行動科学と公共政策の関係を広く考えるという入門書的な性格が強いため、できるだけ読みやすく、文意を明確に訳すように心がけた。そのため専門的な読者にはやや冗長に感じられる箇所もあるかもしれないが、本書の性格に鑑みてご容赦いただきたい。

訳文の仕上げにあたっては、松澤拓也さん（早稲田大学大学院、憲法学）、吉原雅人さん（京都大学大学院、法哲学）のお二人にチェックいただいた。本書の訳文がより読みやすく、正確になったとすれば、この二人の俊秀のおかげである。お二人にお願いした私の選択は私の厚生を増大させたが、同じネタをサンスティーン本人がすでに書いている。私自身のさまざまな行動バイアスのせいでお二人のせっかくのナッジから私がオプトアウトし、結果的に誤りを犯した部分も多いかもしれない、と付け加えておくほうが、謝辞にかこつけた本書の要約にもなってよいだろう。

本書の企画・編集にあたっては勁草書房編集部の鈴木クニエさんにお世話になった。鈴木さんとは、シーラ・ジャサノフ（渡辺千原・吉良貴之監訳）『法廷に立つ科学：「法と科学」入門』（勁草書房、二〇一五年）、那須耕介・橋本努・吉良貴之・瑞慶山広大『ナッジ！ したいですか？ されたいですか？：される側の感情、する側の勘定』（勁草書房、二〇二〇年）でご一緒してきた。本書も含め、いずれも法政策と科学の関係を問うというテーマが共通している。今後もともにこの分野を開拓するような仕事ができることを願っている。

二〇二一年五月

吉良貴之

own-good/

Weimer, D. L. (2017). *Behavioral Economics for Cost-Benefit Analysis: Benefit Validity When Sovereign Consumers Seem to Make Mistakes*. Cambridge: Cambridge University Press.

Weimer, D. L. (2020). When Are Nudges Desirable? Benefit Validity When Preferences Are Not Consistently Revealed. *Public Administration Review*, 80(1), 118-126.

Whittington, D., & MacRae Jr., D. (1986). The Issue of Standing in Cost-Benefit Analysis. *Journal of Policy Analysis and Management*, 5(4), 665-682.

Willis, L. E. (2013). When Nudges Fail: Slippery Defaults. *The University of Chicago Law Review*, 80(3), 1155-1229.

Wilson, T. (2004). *Strangers to Ourselves: Discovering the Adaptive Unconscious*. Cambridge, MA: Belknap Press.

Wilson, T. D., & Gilbert, D. T. (2003). Affective Forecasting. *Advances in Experimental Social Psychology*, 35, 345-411.

Zalta, E. N. (ed.). (2017). Perfectionism in Moral and Political Philosophy. *Stanford Encyclopedia of Philosophy*. Available at https://plato.stanford.edu/entries/perfectionism-moral/

Zywicki, T. J. (2013). The Economics and Regulation of Bank Overdraft Protection. George Mason University Law & Economics Research Paper No. 11-43. Available at https://papers.ssrn.com/sol3/papers.cfm?abstract_id=1946387

9 C.F.R. § 317.309.

12 C.F.R. § 205.17.

29 C.F.R. §§ 2550.404a-5.

34 C.F.R. § 668.6.

近刊予定（forthcoming）とされているもののうち、公刊が確認できたものは情報を補った。ウェブサイトはすべて2021年3月31日に確認した。ページの移設が確認されたものは新しいＵＲＬを記している。文献のうち、邦訳のあるものは情報を追加した。（訳者）

tion. *Journal of Risk and Uncertainty*, 58, 121–142.

Sunstein, C.R. (2019d). Sludge and Ordeals. *Duke Law Journal*, 68, 1843–1883.

Sunstein, C. R. (2020). *Too Much Information*. Cambridge: MIT Press.

Sunstein, C. R., & Reisch, L. A. (2014). Automatically Green: Behavioral Economics and Environmental Protection. *Harvard Environmental Law Review*, 38, 127–158.

Sunstein, C. R. & Reisch, L. A. (2019). *Trusting Nudges: Toward A Bill of Rights for Nudging*. London: Routledge（遠藤真美訳『データで見る行動経済学：全世界大規模調査で見えてきた「ナッジの真実」』日経ＢＰ、2020 年）

Thaler, R. (2015). *Misbehaving: The Making of Behavioral Economics*. New York: W. W. Norton & Co.（遠藤真美訳『行動経済学の逆襲（上下）』早川書房［ハヤカワ・ノンフィクション文庫］、2019 年）

Thaler, R. H., & Benartzi, S. (2004). Save More Tomorrow™: Using Behavioral Economics to Increase Employee Saving. *Journal of Political Economy*, 112 (S1), S164–S187.

Thaler, R. H., & Sunstein, C. R. (2008). *Nudge: Improving Decisions about Health, Wealth, and Happiness*. New Haven: Yale University Press（遠藤真美訳『実践 行動経済学：健康、富、幸福への聡明な選択』日経ＢＰ、2009 年）

Thunstrom, L. (2019). Welfare Effects of Nudges: The Emotional Tax of Calorie Menu Labeling. *Judgment and Decision Making*, 14(1), 11–25.

Turnwald, B. P., et al. (2019). Increasing Vegetable Intake by Emphasizing Tasty and Enjoyable Attributes: A Randomized Controlled Multisite Intervention for Taste-Focused Labeling. *Psychological Science*, 30(11), 1603–1615.

Ubel, P. A., Loewenstein, G., Schwarz, N., & Smith, D. (2005). Misimagining the Unimaginable: The Disability Paradox and Health Care Decision Making. *Health Psychology*, 24(4S), S57.

Ullmann-Margalit, E. (2006). Big Decisions: Opting, Converting, and Drifting. *Royal Institute of Philosophy Supplement*, 58, 157–172.

Waldron, J. (2014). It's All for Your Own Good. Available at http://www.nybooks.com/articles/archives/2014/oct/09/cass-sunstein-its-all-your-

chological Science, 9(5), 340–346.

Scholten, M., Read, D., & Stewart, N. (2019). The Framing of Nothing and the Psychology of Choice. *Journal of Risk and Uncertainty*, 59, 125–149.

Sethi-Iyengar, S., Huberman, G., & Jiang, W. (2004). How Much Choice is Too Much? Contributions to 401 (k) Retirement Plans. In Mitchell, O. S., & Utkus, S. P. (eds.), *Pension Design and Structure: New Lessons from Behavioral Finance*. Oxford: Oxford University Press.

Sharot, T. (2011). *The Optimism Bias: A Tour of the Irrationally Positive Brain*. New York: Knopf Publishing.

Simonson, I. (1990). The Effect of Purchase Quantity and Timing on Variety-Seeking Behavior. *Journal of Marketing Research*, 27(2), 150–162.

Sparkman, G., & Walton, G. M. (2017). Dynamic Norms Promote Sustainable Behavior, Even If It Is Counternormative. *Psychological Science*, 28(11), 1663–1674.

Sugden, R. (2018). "Better Off, as Judged by Themselves": A Reply to Cass Sunstein. *International Review of Economics*, 65(1), 9–13. Available at https://doi.org/10.1007/s12232-017-0281-8

Sunstein, C. R. (2002). Probability Neglect. *Yale Law Journal*, 112(1), 61–107.

Sunstein, C. R. (2011). Empirically Informed Regulation. *University of Chicago Law Review*, 78, 1349–1429.

Sunstein, C. R. (2013). *Simpler*. New York: Simon and Schuster (田総恵子訳『シンプルな政府："規制"をいかにデザインするか』NTT出版、2017年)

Sunstein, C. R. (2014). *Why Nudge? The Politics of Libertarian Paternalism*. New Haven: Yale University Press.

Sunstein, C. R. (2018a). *Legal Reasoning and Political Conflict*. Oxford: Oxford University Press.

Sunstein, C. R. (2018b). On Preferring A to B, While also Preferring B to A. *Rationality and Society*, 30(3), 305–331.

Sunstein, C. R. (2019a). *On Freedom*. Princeton: Princeton University Press.

Sunstein, C. R. (2019b). Rear Visibility and Some Unresolved Problems for Economic Analysis. *Journal of Benefit-Cost Analysis*, 10(3), 317–350.

Sunstein, C. R. (2019c). Ruining Popcorn? The Welfare Effects of Informaicy in Healthful Eating and Exercise Under Limited Rationality. In Oliver, A. (ed.), *Behavioral Public Policy*. Cambridge: Cambridge University Press.

Rawls, J. (1991). Political Liberalism. In Levy, Jacob T. (ed.), *Oxford Handbook of Classics in Contemporary Political Theory*. Oxford: Oxford University Press.

Raz, J. (1985). *The Morality of Freedom*. Oxford: Oxford University Press.

Read, D., Antonides, G., van den Ouden, L., & Trienekens, H. (2001). Which is Better: Simultaneous or Sequential Choice? *Organizational Behavior and Human Decision Processes*, 84(1), 54-70.

Read, D., Loewenstein, G., & Kalyanaraman, S. (1999). Mixing Virtue and Vice: Combining the Immediacy Effect and the Diversification Heuristic. *Journal of Behavioral Decision Making*, 12(4), 257-273.

Redelmeier, D. A., Katz, J., & Kahneman, D. (2003). Memories of Colonoscopy: A Randomized Trial. *Pain*, 104(1-2), 187-194.

Riis, J., & Ratner, R. (2015). Simplified Nutrition Guidelines to Fight Obesity. In Batra, R., Keller, P. A., & Strecher, V. J. (eds.), *Leveraging Consumer Psychology for Effective Health Communications: The Obesity Challenge*. Armonk, NY: M. E. Sharpe.

Robinson, L. A., & Hammitt, J. K. (2011). Behavioral Economics and the Conduct of Benefit-Cost Analysis: Towards Principles and Standards. *Journal of Benefit-Cost Analysis*, 2(2), 1-51.

Sahm, C. R., Shapiro, M. D., & Slemrod, J. (2011). Check in the Mail or More in the Paycheck: Does the Effectiveness of Fiscal Stimulus Depend on How It Is Delivered? Finance and Economics Discussion Series No. 2010-40. Available at http://www.federalreserve.gov/pubs/feds/2010/201040/201040pap.pdf

Sarin, N. (2019). Making Consumer Finance Work. *Columbia Law Review*, 119(6), 1519-1596.

Schreiber, C. A., & Kahneman, D. (2000). Determinants of the Remembered Utility of Aversive Sounds. *Journal of Experimental Psychology: General*, 129(1), 27.

Schkade, D., & Kahneman, D. (1998). Does Living in California Make People Happy? A Focusing Illusion in Judgments of Life Satisfaction. *Psy-*

In Nussbaum, M. C.,& Sen, A. (eds.), *The Quality of Life*. Oxford: Clarendon Press.

Nussbaum, M. C. (2000). *Women and Human Development: The Capabilities Approach*. Cambridge: Cambridge University Press（池本幸生・田口さつき・坪井ひろみ訳『女性と人間開発：潜在能力アプローチ』岩波書店、2005 年）

Obama, B. (September 5, 2009). Weekly Address.

O'Donoghue, T., & Rabin, M. (2001). Choice and Procrastination. *The Quarterly Journal of Economics*, 116(1), 121–160.

O'Donoghue, T., & Rabin, M. (2015). Present Bias: Lessons Learned and to Be Learned. *American Economic Review*, 105(5), 273–279.

Organisation for Economic Cooperation and Development. (2010). Consumer Policy Toolkit. Retrieved from https://www.oecd.org/sti/consumer/consumer-policy-toolkit-9789264079663-en.htm

Orszag, P. R. (March 29, 2010). OMB, Director, SAVEings. Retrieved from https://www.whitehouse.gov/omb/blog/10/03/29/SAVEings/ ［リンク切れ］

Orszag, P. R., & Rodriguez, E. (2009). Retirement Security for Latinos: Bolstering Coverage, Savings, and Adequacy. In Gale, W. G. et al. (ed.), *Automatic*, 173–98. Harrisburg: R. R. Donnelley.

Papke, L. E., Walker, L., & Dworsky, M. (2009). Retirement Savings for Women: Progress to Date and Policies for Tomorrow. In Gale, W. G. et al. (ed.), *Automatic*, 199–230. Harrisburg: R. R. Donnelley.

Pension Protection Act 2006. Pub. L. No. 109–280, 120 Stat. 780, codified in various sections of Titles 26 and 29.

Pettigrew, R. (2020). *Choosing for Changing Selves*. Oxford: Oxford University Press.

Pichert, D., & Katsikopoulos, K. V. (2008). Green Defaults: Information Presentation and Pro-Environmental Behaviour. *Journal of Environmental Psychology*, 28(1), 63–73.

Pohl, R. F. (ed.). (2016). *Cognitive Illusions*. Abingdon: Routledge Company.

Posner, R. (1973). *Economic Analysis of Law*. New York: Wolters Kluwer Law & Business.

Rabin, M. (2013). Healthy Habits: Some Thoughts on the Role of Public Pol-

1209–1248.
Luguri, J., & Strahilevitz, L. (2019). Shining a Light on Dark Patterns. University of Chicago, Public Law Working Paper No. 719. Available at https://papers.ssrn.com/sol3/papers.cfm?abstract_id=3431205
Madrian, B. C., & Shea, D. (2002). The Power of Suggestion: Inertia in 401 (k) Participation and Savings Behavior. *The Quarterly Journal of Economics,* 116(4), 1149–1187.
Masiero, M., Lucchiari, C., & Pravettoni, G. (2015). Personal Fable: Optimistic Bias in Cigarette Smokers. *International Journal of High Risk Behaviors & Addiction,* 4(1), e20939.
Mattauch, L., & Hepburn, C. (2016). Climate Policy When Preferences Are Endogenous - and Sometimes They Are. *Midwest Studies in Philosophy,* 40 (1), 76–95.
Mill, J. S. (2002). On Liberty. In Miller, D. E. (eds.), *The Basic Writings of John Stuart Mill: On Liberty, The Subjection of Women, and Utilitarianism,* 3, 11–12. New York: Random House（関口正司訳『自由論』岩波書店［岩波文庫］、2020 年；大内 兵衛・大内節子訳『女性の解放』岩波書店［岩波文庫］、1957 年；関口正司訳『功利主義』岩波書店［岩波文庫］、2021 年）
Morewedge, C. K., Gilbert, D. T., Myrseth, K. O. R., Kassam, K. S., &Wilson, T. D. (2010). Consuming Experience: Why Affective Forecasters Overestimate Comparative Value. *Journal of Experimental Social Psychology,* 46(6), 986–992.
Mullainathan, S., & Shafir, E. (2013). *Scarcity: Why Having Too Little Means So Much.* New York: Times Books.
Mulligan, J. (January 26, 2011). First Lady Michelle Obama Announces Collaboration with Walmart in Support of Let's Move Campaign. https://obamawhitehouse.archives.gov/the-press-office/2011/01/20/first-lady-michelle-obama-announces-collaboration-walmart-support-let-s-
Nisbett, R. E., & Kanouse, D. E. (1968). Obesity, Hunger, and Supermarket Shopping Behavior. In *Proceedings of the Annual Convention of the American Psychological Association.* New York: American Psychological Association.
Nussbaum, M. C. (1993). Non-Relative Virtues: An Aristotelian Approach.

Know Themselves. *American Economic Review*, 101(3), 417-422.

Keren, G. (ed.). (2011). *Perspectives on Framing*. New York: Society for Judgment and Decision Making.

Kling, J., Mullainathan, S., Shafir, E., Vermeulen, L., & Wrobel, M. V. (2012). Comparison Friction: Experimental Evidence from Medicare Drug Plans. *The Quarterly Journal of Economics*, 127(1), 199-235.

Korobkin, R. B. (2013). Relative Value Health Insurance: The Behavioral Law and Economics Solution to the Health Care Cost Crisis. *Journal of Scholarly Perspectives*, 10(1), 51-68.

Kronlund, M., Pool, V., Sialm, C.,& Stefanesco, I. (2020). Out of Sight No More? The Effect of Fee Disclosures on 401K Investment Allocations. NBER Working Paper No. 27573. Available at https://www.nber.org/papers/w27573

Lades, L. K., & Delaney, L. (2020). Nudge FORGOOD. *Behavioural Public Policy*, 1-20. Available at DOI:10.1017/bpp.2019.53.

Laibson, D. (1997). Golden Eggs and Hyperbolic Discounting. *The Quarterly Journal of Economics*, 112(2), 443-478.

Laibson, D. 2018. Private Paternalism, the Commitment Puzzle, and Model-Free Equilibrium. *AEA Papers and Proceedings*, 108, 1-21.

Lanzini, P., & Thøgersen, J. (2014). Behavioral Spillover in Environmental Domain: An Intervention Study. *Journal of Environmental Psychology*, 40, 381-390.

Le Grand, J., & New, B. (2015). *Government Paternalism: Nanny State or Helpful Friend?* Princeton: Princeton University Press.

Levitt, S. (2016). Heads or Tails: The Impact of a Coin Toss on Major Life Decisions and Subsequent Happiness. NBER Working Paper No. 22487. Available at https://www.nber.org/papers/w22487

Levy, H. G., Norton, E. C., & Smith, J. A. (2018). Tobacco Regulation and Consumer Surplus: How Should We Value Foregone Consumer Surplus? *American Journal of Health Economics*, 4(1), 1-25.

Loewenstein, G. (2005). Hot-Cold Empathy Gaps and Medical Decision Making. *Health Psychology*, 24(4S), S49.

Loewenstein, G., O'Donoghue, T., & Rabin, M. (2003). Projection Bias in Predicting Future Utility. *The Quarterly Journal of Economics*, 118(4),

sity Press.
Hurka, T. (1996). *Perfectionism*. Oxford: Oxford University Press.
Internal Revenue Service. (September 2009). Retirement and Savings Initiatives: Helping Americans Save for the Future. Retrieved from http://www.irs.gov/pub/irs-tege/rne_se0909.pdf
iNudgeYou.com. (n.d.). Resources. Retrieved from https://www.inudgeyou.com/resources.
Jachimowicz, J., Duncan, S., Weber, E. U., & Johnson, E. J. (2019). Why and When Defaults Influence Decisions: A Meta-Analysis of Default Effects. *Behavioral Public Policy*, 3(2), 159-186.
Johnson, E., & Goldstein, D. (2013). Decisions by Default. In Shafir, E. (ed.), The *Behavioral Foundations of Public Policy*, 417-427. Princeton: Princeton University Press.
Iyengar, S., & Kamenica, E. (2010). Choice Proliferation, Simplicity Seeking, and Asset Allocation. *Journal of Public Economics*, 94, 530-39.
Kahneman, D. (2011). *Thinking, Fast and Slow*. New York: Farrar, Straus, and Giroux (村井章子訳『ファスト&スロー：あなたの意思はどのように決まるか？ (上・下)』早川書房［ハヤカワ・ノンフィクション文庫］、2014年)
Kahneman, D., & Frederick, S. (2002). Representativeness Revisited: Attribute Substitution in Intuitive Judgment. In Gilovich, T., Griffin, D., & Kahneman, D. (eds.), *Heuristics and Biases*, 49-81. Cambridge: Cambridge University Press.
Kahneman, D., Fredrickson, B. L., Schreiber, C. A., & Redelmeier, D. A. (1993). When More Pain Is Preferred to Less: Adding a Better End. *Psychological Science*, 4(6), 401-405.
Kahneman, D., Wakker, P. P., & Sarin, R. (1997). Back to Bentham? Explorations of Experienced Utility. *The Quarterly Journal of Economics*, 112(2), 375-405.
Kaiser, M., Bernauer, M., Sunstein, C. R., & Reisch, L. A. (2020). The Power of Green Defaults: The Impact of Regional Variation of Opt-Out Tariffs on Green Energy Demand in Germany. *Ecological Economics*, 174, 106685.
Kamenica, E., Mullainathan, S.,&Thaler, R. (2011). Helping Consumers

Goldin, J. (2015). Which Way to Nudge? Uncovering Preferences in the Behavioral Age. *Yale Law Journal*, 125(1), 226–270.

Goldin, J. (2017). Libertarian Quasi-Paternalism. *Missouri Law Review*, 82, 669–682.

Greenstone, M. (2013). Developing a Social Cost of Carbon for US Regulatory *Analysis. Review of Environmental Economics and Policy*, 7(1), 23–46.

GreeNudge.org. (2018). Frontpage. Available at https://greenudge.org/

Gruber, J., & Abaluck, J. T. (2011). Choice Inconsistencies among the Elderly: Evidence from Plan Choice in the Medicare Part D Program. *American Economic Review*, 101, 1180–1210.

Gruber, J., & Mullainathan, S. (2005). Do Cigarettes Taxes Make Smokers Better Off? *The B. E. Journal of Economic Analysis & Policy*, 5(1), 1–45.

Gul, F., & Pesendorfer, W. (2004). Self-Control, Revealed Preference and Consumption Choice. *Review of Economic Dynamics*, 7(2), 243–264.

Halpern, D. (2015). *Inside the Nudge Unit: How Small Changes Can Make a Big Difference*. New York: Random House.

Hausman, D., & McPherson, M. (2009). Preference Satisfaction and Welfare Economics. *Economics and Philosophy*, 25, 1–25.

Hayek, F. (2013). The Market and Other Orders. In Caldwell, B. (ed.), *The Collected Works of F. A. Hayek*. Chicago: University of Chicago Press.

Healthy, Hunger-Free Kids Act 2012. Pub. L. No. 111–296, 124 Stat. 3183.

Heath, C., & Heath, D. (2010). *Switch: How to Change Things When Change Is Hard*. New York: Broadway.

Homonoff, T. (2018). Can Small Incentives Have Large Effects? The Impact of Taxes Versus Bonuses on Disposable Bag Use. *American Economic Journal: Economic Policy*, 10(4), 177–210.

Howarth, R. B., Haddad, B. M., & Paton, B. (2000). The Economics of Energy Efficiency: Insights from Voluntary Participation Programs. *Energy Policy*, 28, 477–486.

Hsee, C. (2000). Attribute Evaluability and its Implications for Joint-Separate Evaluation Reversals and Beyond. In Kahneman, D., & Tversky, A. (eds.), *Choices, Values and Frames*. Cambridge: Cambridge Univer-

Finkelstein, A. (2009). E-ZTAX: Tax Salience and Tax Rates. *The Quarterly Journal of Economics*, 124, 969–1010.

Food and Drug Administration. (2014). Regulatory Impact Analysis for Final Rules on "Food Labeling: Revision of the Nutrition and Supplement Facts Labels." Available at https://www.fda.gov/media/98712/download

Foot, P. (2001). *Natural Goodness*. Oxford: Clarendon Press（高橋久一郎監訳『人間にとって善とは何か：徳倫理学入門』筑摩書房、2014 年）

Gabaix, X. (2019). Behavioral Inattention. NBER Working Paper No. 24096.

Gabaix, X., &Laibson, D. (2006). Shrouded Attributes, Consumer Myopia, and Information Suppression in Competitive Markets. *Quarterly Journal of Economics*, 121(2), 505–540.

Gale, W., Iwry, J., & Walters, S. (2009). Retirement Savings for Middle- and Lower-Income Households: The Pension Protection Act of 2006 and the Unfinished Agenda. In Gale, W. G. et al. (eds.), *Automatic* (11–27), Harrisburg: R. R. Donnelley.

Gayer, T., & Viscusi, W. K. (2013). Overriding Consumer Preferences with Energy Regulations. *Journal of Regulatory Economics*, 43(3), 248–264.

Gilbert, D. T., Gill, M. J., &Wilson, T. D. (1998). How Do We Know What We Will Like? The Informational Basis of Affective Forecasting. Unpublished manuscript. Harvard University.

Gilbert, D., Pinel, E. C., Wilson, T. D., Blumberg, S. J., & Wheatley, T. P. (1998). Immune Neglect: A Source of Durability Bias in Affective Forecasting. *Journal of Personality and Social Psychology*, 75(3), 617–638.

Gilbert, D., & Wilson, T. (2000). Miswanting: Some Problems in the Forecasting of Future Affective States. In Forgas, J. P. (ed.), *Feeling and Thinking: The Role of Affect in Social Cognition*. Cambridge: Cambridge University Press.

Gillingham, K., Houde, S., & van Benthem, A. A. (2019). Consumer Myopia in Vehicle Purchases. NBER Working Paper No. 25845. Available at http://www.nber.org/papers/w25845

Glaeser, E. (2006). Paternalism and Psychology. *University of Chicago Law Review*, 73(1), 133–156.

Dolan, P. (2014). *Happiness by Design: Change What You Do, Not How You Think.* New York: Penguin Group.

Downs, J. S., Loewenstein, G., & Wisdom, J. (2009). Strategies for Promoting Healthier Food Choices. *American Economic Review*, 99(2), 159-164.

Dunn, E. W., Gilbert, D. T., & Wilson, T. D. (2011). If Money Doesn't Make You Happy, Then You Probably Aren't Spending It Right. *Journal of Consumer Psychology*, 21(2), 115-125.

Ebeling, F., & Lotz, S. (2015). Domestic Uptake of Green Energy Promoted by Opt-Out Tariffs. *Nature Climate Change*, 5(9), 868-871.

Egebark, J., & Ekstrom, M. (2016). Can Indifference Make the World Greener? *Journal of Environmental Economics and Management*, 76, 1-13.

Elster, J. (1983). *Sour Grapes: Studies in the Subversion of Rationality.* Cambridge: Cambridge University Press（玉手慎太郎訳『酸っぱい葡萄：合理性の転覆について』勁草書房、2018 年）

Elster, J. (1985). *Making Sense of Marx.* Cambridge: Cambridge University Press. Emergency Planning and Community Right to Know Act 1986. Pub. L. No. 99-499, 100 Stat. 1728, codified at 42 USC § 11001 et seq.

Environmental Protection Agency. (2009). Fuel Economy Labeling of Motor Vehicles: Revisions to Improve Calculation of Fuel Economy Estimates. 74 Fed. Reg. 61,537, 61,542, 61,550-53 (amending 40 C.F.R. Parts 86,600).

European Commission. (2012). Science for Environment Policy, Future Brief: Green Behavior. Retrieved from http://ec.europa.eu/environment/integration/research/newsalert/pdf/FB4.pdf

Executive Order 13563: Improving Regulation and Regulatory Review. (2011). 76 Fed. Reg. 3821.

Executive Order 13707: Using Behavioral Science Insights to Better Serve the American People. (2015). 80 Fed. Reg. 56,365.

Farhi, E., & Gabaix, X. (2020). Optimal Taxation with Behavioral Agents. *American Economic Review*, 110(1), 298-336.

Feldman, F. (2010). *What Is This Thing Called Happiness?* Oxford: Oxford University Press.

matic, 231–260. Harrisburg: R. R. Donnelley.
CLASS Act 2010. Pub. L. No. 111–148, § 8, 124 Stat. 828, codified at 42 U.S.C. § 300 (2018).
Colin, M., O'Donoghue, T., & Vogelsang, T. (2004). Projection Bias in Catalogue Orders. Unpublished working paper. Cornell University Economics Department.
Conly, S. (2013). *Against Autonomy: Justifying Coercive Paternalism*. Cambridge: Cambridge University Press.
Credit Card Accountability Responsibility and Disclosure Act of 2009. Pub. L. No. 111–24, 123 Stat. 1734, codified in various sections of Titles 15 and 16.
Cronqvist, H., Thaler, R., & Yu, F. (2018). When Nudges Are Forever: Inertia in the Swedish Premium Pension Plan. *American Economic Review: Papers and Proceedings*, 108, 153–158.
DellaVigna, S., & Malmendier, U. (2006). Paying Not to Go to the Gym. *American Economic Review*, 96(3), 694–719.
Department of Agriculture. (2011). Direct Certification and Certification of Homeless, Migrant and Runaway Children for Free School Meals. 76 Fed. Reg. 22,785, 22,793.
Department of Education. (2010a). Program Integrity Issues, 75 Fed. Reg. 66,832, codified in various sections of Title 34 of the C.F.R.
Department of Education. (2010b). Department of Education Establishes New Student Aid Rules to Protect Borrowers and Taxpayers. Retrieved from https://www.ed.gov/news/press-releases/department-education-establishes-new-studentaid-rules-protect-borrowers-and-tax
Department of the Treasury. (December 4, 2009). FinancialStability.gov TARP Transactions Data: Asset Guarantee Program. Retrieved from https://www.data.gov/raw/1260.
DG SANCO 2010. Consumer Affairs. Retrieved from http://ec.europa.eu/consumers/docs/1dg-sanco-brochure-consumer-behaviour-final.pdf
Dinner, I., Johnson, E. J., Goldstein, D. G., & Liu, K. (2011). Partitioning Default Effects: Why People Choose Not to Choose. *Journal of Experimental Psychology: Applied*, 17(4), 332.
Dodd-Frank Act 2010. 12 U.S.C. § 5511.

to Changes in Airline Ticket Tax Disclosure. *American Economic Journal: Economic Policy*, 12(4), 58-87.

Bronchetti, E. T., Dee, T. S., Huffman, D. B., & Magenheim, E. (2011). When a Nudge Isn't Enough: Defaults and Saving among Low-Income Tax Filers. NBER Working Paper No. 16887. Available at https://www.nber.org/papers/w16887

Bronsteen, J., Buccafusco, C., & Masur, J. S. (2013). Well-Being Analysis vs. Cost-Benefit Analysis. *Duke Law Journal*, 62(8), 1603-1689.

Brown, J. R. (2007). Rational and Behavioral Perspectives on the Role of Annuities in Retirement Planning. NBER Working Paper No. 13537. Available at http://www.nber.org/papers/w13537

Brown, J. R., Kling, J. R., Mullainathan, S., & Wrobel, M. V. (2008). Why Don't People Insure Late-Life Consumption? A Framing Explanation of the Under-Annuitization Puzzle. *American Economic Review*, 98, 304-09.

Bubb, R., & Pildes, R. (2014). How Behavioral Economics Trims Its Sails and Why. *Harvard Law Review*, 127(6), 1593-1678.

Cabinet Office (n.d.). The Behavioural Insights Team. Available at https://www.cabinetoffice.gov.uk/behavioural-insights-team

Carroll, G. D., Choi, J. J., Laibson, D., Madrian, B. C., & Metrick, A. (2009). Optimal Defaults and Active Decisions. *The Quarterly Journal of Economics*, 124, 1639-74.

Centers for Medicare and Medicaid Services (February 4, 2010). Re: Express Lane Eligibility Option. Available at http://peerta.acf.hhs.gov/uploadedFiles/Express%20Lane%20Eligibility%20SHO%20final%202-4-10%20508%20ready.pdf

Chetty, R., Friedman, J., Leth-Petersen, S., Nielsen, T., & Olsen, T. (2014). Active vs. Passive Decisions and Crowd out in Retirement Savings Accounts: Evidence from Denmark. *The Quarterly Journal of Economics*, 129(3), 1141-1219.

Chetty, R., Looney, A., & Kroft, K. (2009). Salience and Taxation: Theory and Evidence. *American Economic Review*, 99, 1145-1177.

Chiteji, N., & Walker, L. (2009). Strategies to Increase the Retirement Savings of African American Households. In Gale, W. G. et al. (ed.), *Auto-*

Bernheim, B. D., & Rangel, A. (2007). Toward Choice-Theoretic Foundations for Behavioral Welfare Economics. *American Economic Review*, 97(2), 464–470.

Bernheim, B. D., & Rangel, A. (2009). Beyond Revealed Preference: Choice-Theoretic Foundations for Behavioral Welfare Economics. *The Quarterly Journal of Economics*, 124(1), 51–104.

Bernheim, B. D., & Taubinsky, D. (2018). Behavioral Public Economics. In Bernheim, B. D., DellaVigna, S., & Laibson, D. (eds.), *Handbook of Behavioral Economics: Foundation and Applications*, vol. 1, 381–516. Amsterdam: Elsevier.

Beshears, J., Choi, J., Laibson, D., & Madrian, B. (2010). The Limitations of Defaults. Unpublished manuscript. Retrieved from https://www.nber.org/programs/ag/rrc/NB10-02,%20Beshears,%20Choi,%20Laibson,%20Madrian.pdf

Bettinger, E. P., Long, B. T., Oreopoulos, P., & Sanbonmatsu, L. (2009). The Role of Simplification and Information in College Decisions: Results from the H&R Block FAFSA Experiment. NBER Working Paper No. 15361. Available at https://www.nber.org/papers/w15361

Bhargava, S., Loewenstein, G., & Sydnor, J. (2015). Do Individuals Make Sensible Health Insurance Decisions? Evidence from a Menu with Dominated Options. NBER Working Paper No. 21160. Available at https://www.nber.org/papers/w21160

Bhargava, S., Loewenstein, G., & Sydnor, J. (2017). Choose to Lose: Health Plan Choices from a Menu with Dominated Option. *The Quarterly Journal of Economics*, 132(3), 1319–1372.

Bollinger, B., Leslie, P., & Sorenson, A. (2010). Calorie Labeling in Chain Restaurants. NBER Working Paper No. 15648. Available at https://www.nber.org/papers/w15648

Bordalo, P., Gennaioli, N., & Shleifer, A. (2012a). Salience in Experimental Tests of the Endowment Effect. *American Economic Review*, 102(3), 47–52.

Bordalo, P., Gennaioli, N., & Shleifer, A. (2012b). Salience Theory of Choice Under Risk. *The Quarterly Journal of Economics*, 127(3), 1243–1285.

Bradley, S., & Feldman, N. (2020). Hidden Baggage: Behavioral Responses *al Review of Economics*, 8(1), 145-176.

Allcott, H., & Kessler, J. (2019). The Welfare Effects of Nudges: A C A se Study of Energy Use Social Comparisons. *American Economic Journal: Applied Economics*, 11(1), 236-276.

Allcott, H., & Knittel, C. (2019). Are Consumers Poorly Informed about Fuel Economy? Evidence from Two Experiments. *American Economic Journal: Economic Policy*, 11(1), 1-37.

Allcott, H., Lockwood, B. B., & Taubinsky, D. (2019). Should We Tax Sugar-Sweetened Beverages? *Journal of Economic Perspectives*, 33(3), 202-227.

Allcott, H., & Sunstein, C. R. (2015). Regulating Internalities. *Journal of Policy Analysis and Management*, 34(3), 698-705.

Allcott, H., & Taubinsky, D. (2015). Evaluating Behaviorally Motivated Policy: Experimental Evidence from the Light Bulb Market. *American Economic Review*, 105(8), 2501-2538.

Bar-Gill, O. (2012). *Seduction by Contract: Law, Economics, and Psychology in Consumer Markets*. Oxford: Oxford University Press.

Behavioural Insights Team. (11 Apr 2014). EAST: Four Simple Ways to Apply Behavioural Insights. Available at https://www.bi.team/publications/east-foursimple-ways-to-apply-behavioural-insights/

Benartzi, S., et al. (2017). Should Governments Invest More in Nudging? *Psychological Science*, 28(8), 1041-1055.

Benartzi, S., & Thaler, R. H. (2013). Behavioral Economics and the Retirement *Savings Crisis. Science*, 339(6124), 1152-1153.

Bento, A., Jacobsen, M. R., Knittel, C. R., & van Benthem, A. A. (2019). Estimating the Costs and Benefits of Fuel Economy Standards. NBER Working Paper No. 26309. Available at www.nber.org/papers/w26309

Bernheim, B. D. (2009). Behavioral Welfare Economics. *Journal of the European Economic Association*, 7(2-3), 267-319.

Bernheim, B. D. (2016). The Good, the Bad, and the Ugly: A Unified Approach to Behavioral Welfare Economics. *Journal of Benefit-Cost Analysis*, 7(1), 12-68.

Bernheim, B. D., Fradkin, A., & Popov, I. (2015). The Welfare Economics of Default Options in 401 (k) Plans. NBER Working Paper No. 17587.

文　献

Abaluck, J., & Gruber, J. (2009). Choice Inconsistencies among the Elderly. NBER Working Paper No. 14759. Available at https://www.nber.org/papers/w14759

Abaluck, J., & Gruber, J. (2013). Evolving Choice Inconsistencies in Choice of Prescription Drug Insurance. NBER Working Paper No. 19163. Available at https://www.nber.org/papers/w19163

Acland, D. (2018). The Case for Ends Paternalism: Extending Le Grand and New's Framework for Justification of Government Paternalism. *Review of Behavioral Economics*, 5(1), 1-22.

Adler, M. (2011). *Well-Being and Fair Distribution: Beyond Cost-Benefit Analysis*. Oxford: Oxford University Press.

Afendulis, C., Sinaiko, A. D., & Frank, R. G. (2015). Dominated Choices and Medicare Advantage Enrollment. *Journal of Economic Behavior and Organization*, 119 (C), 72-83.

Affordable Care Act. 2010. The Patient Protection and Affordable Care Act of 2010. Pub. L. No. 111-148, 124 Stat. 119, codified in various sections of Title 42.

Agarwal, S., Chomsisengphet, S., Mahoney, N., & Stroebel, J. (2013). Regulating Consumer Financial Products: Evidence from Credit Cards. NBER Working Paper No. 19484.

Akerlof, G., & Dickens, W. (1982). The Economic Consequences of Cognitive Dissonance. *American Economic Review*, 72(3), 307-319.

Akerlof, G., & Shiller, R. (2016). *Phishing for Phools: The Economics of Manipulation and Deception*. Oxford: Oxford University Press.

Allcott, H. (2011a). Consumers' Perceptions and Misperceptions of Energy Costs. *American Economic Review*, 101, 98-104.

Allcott, H. (2011b). Social Norms and Energy Conservation. *Journal of Public Economics*, 95(9-10), 1082-1095.

Allcott, H. (2016). Paternalism and Energy Efficiency: An Overview. *Annu-*

さ　行

た　行

な　行

索　引

キャス・サンスティーン（Cass R. Sunstein）
ハーバード大学ロースクール教授。専門は憲法、法哲学、行動経済学など多岐におよぶ。1954年生まれ。ハーバード大学ロースクールを修了した後、アメリカ最高裁判所やアメリカ司法省に勤務。1981年よりシカゴ大学ロースクール教授を務め、2008年より現職。オバマ政権では行政管理予算局の情報政策及び規制政策担当官を務めた。リチャード・セイラーとの共著『実践 行動経済学』（日経BP）は全米ベストセラーを記録。ほかに『シンプルな政府』（NTT出版）、『#リパブリック』『選択しないという選択』『熟議が壊れるとき』『命の価値』（以上、勁草書房）など。

吉良貴之（きら・たかゆき）
1979年高知市生まれ。東京大学法学部卒業、東京大学大学院法学政治学研究科博士課程満期退学。日本学術振興会特別研究員などを経て、宇都宮共和大学専任講師。法哲学専攻。主な研究テーマは世代間正義論、法の時間論、法と科学技術、およびそれらの公法上の含意について。主な論文として「世代間正義論」（『国家学会雑誌』119巻5-6号、2006年）、「将来を適切に切り分けること」（『現代思想』2019年8月号）など。翻訳にエイドリアン・ヴァーミュール『リスクの立憲主義』（勁草書房、2019年）、ドゥルシラ・コーネル『イーストウッドの男たち』（監訳、御茶の水書房、2010年）、同『自由の道徳的イメージ』（監訳、御茶の水書房、2015年）、シーラ・ジャサノフ『法廷に立つ科学』（監訳、勁草書房、2015年）がある。
website: https://jj57010.web.fc2.com
mail: jj57010@gmail.com

入門・行動科学と公共政策
ナッジからはじまる自由論と幸福論

2021年 7 月20日　第 1 版第 1 刷発行
2022年 1 月10日　第 1 版第 4 刷発行

著　者　キャス・サンスティーン
訳　者　吉《き》　良《ら》　貴《たか》　之《ゆき》
発行者　井　村　寿　人

発行所　株式会社　勁《けい》　草《そう》　書　房
112-0005 東京都文京区水道 2-1-1　振替 00150-2-175253
（編集）電話 03-3815-5277／FAX 03-3814-6968
（営業）電話 03-3814-6861／FAX 03-3814-6854
二秀舎・中永製本

ISBN978-4-326-55086-9　　Printed in Japan

＊落丁本・乱丁本はお取替いたします。
ご感想・お問い合わせは小社ホームページから
お願いいたします。

https://www.keisoshobo.co.jp

キャス・サンスティーン
那須耕介編監訳
熟議が壊れるとき　民主政と憲法解釈の統治理論　四六判　三〇八〇円

キャス・サンスティーン
角松生史・内野美穂監訳
恐怖の法則　予防原則を超えて　四六判　三六三〇円

キャス・サンスティーン
伊達尚美訳
選択しないという選択　ビッグデータで変わる「自由」のかたち　四六判　二九七〇円

キャス・サンスティーン
山形浩生訳
命の価値　規制国家に人間味を　四六判　二九七〇円

キャス・サンスティーン
伊達尚美訳
#リパブリック　インターネットは民主主義になにをもたらすのか　四六判　三五二〇円

那須耕介
橋本　努編著
ナッジ!?　自由でおせっかいなリバタリアン・パターナリズム　四六判　二七五〇円

＊表示価格は二〇二一年一月現在。消費税10％が含まれております。